DOBRE SEUS LUCROS

DOBRE SEUS LUCROS

BOB FIFER

Como reduzir os custos, aumentar as vendas
e melhorar drasticamente os resultados
de sua empresa em seis meses

Tradução

Roberto Raposo

Harper Collins

Rio de Janeiro, 2023

Título original: *Double your Profits*

Rua da Quitanda, 86, sala 218 – Centro – 20091-005
Rio de Janeiro – RJ – Brasil
Tel.: (21) 3175-1030

Diretora editorial: Raquel Cozer
Gerente editorial: Alice Mello
Editor: Ulisses Teixeira
Revisão: Eduardo Carneiro
Diagramação: DTPhoenix Editorial

CIP-Brasil. Catalogação na fonte
Sindicato Nacional dos Editores de Livros, RJ

F48d

Fifer, Robert M.
Dobre seus lucros: como reduzir os custos, aumentar as vendas e melhorar drasticamente os resultados de sua empresa, em seis meses / Bob Fifer; tradução de Roberto Raposo. – [1.ed.]. – Rio de Janeiro: HarperCollins, 2017.

Tradução de: Double your profits
ISBN 9788595081796

1. Controle de custo. 2. Vendas – Administração. 3. Administração de empresas. I. título.

CDD: 658.1552
CDU: 657.44

12-5837

Para meu pai e minha mãe, e para
Nancy, Daniel, Rebecca, Lauren e Jonathan

Sumário

PARTE III REDUZIR OS CUSTOS

PARTE IV AUMENTAR AS VENDAS

Parte I
Preparativos

Etapa 1

Quem deve ler este livro?

Qualquer pessoa que se preocupe com os lucros de sua empresa deve ler este livro.

Isso exclui uma parcela surpreendentemente grande dos administradores de empresas em nosso país. A motivação principal da maioria dos gerentes de nível intermediário, bem como de muitos executivos-chefes, e até mesmo diretores-presidentes, de empresas incluídas na lista das 500 maiores da revista *Fortune*, não é o lucro. Esses administradores desejam que as suas empresas cresçam, ou se preocupam com o moral dos empregados e em manter um bom relacionamento com eles, ou, ainda, desejam viajar para lugares interessantes e conhecer pessoas interessantes etc. Certos proprietários de pequenas empresas sentem mais entusiasmo pelos detalhes de gerenciar uma operação comercial do que pela necessidade de preservar a sanidade financeira (ou seja, a lucratividade) da firma. A estes, recomendo: leiam o livro, e talvez compreendam a importância da lucratividade e como tornar lucrativa a sua empresa.

Aos gerentes de grandes e pequenas empresas que se preocupam com os lucros, mas não estão inteiramente satisfeitos com os resultados apresentados no balanço da empresa em que trabalham, digo: vocês *precisam* ler este livro. Se o lerem e o levarem a sério, não poderão deixar de dobrar, e talvez triplicar, os seus lucros.

E é possível fazer isso de duas maneiras. Muitos lerão o livro, adotarão os trechos mais adequados à organização em que trabalham e logo verão um drástico aumento de lucros. Outros concordarão com a filosofia do livro, mas decidirão que, por vários motivos, é melhor fazer com que uma "pessoa de fora" implemente o que o livro recomenda. A este último grupo, digo: me telefonem; o número do meu telefone está incluído na seção "O autor", no final deste volume. Dirijo uma empresa cuja especialidade é ingressar em uma companhia e dobrar os seus lucros. Por nossos serviços, cobramos uma fração muito pequena dos lucros anuais que produzimos para as organizações que nos procuram. (Este é um dos poucos "anúncios" dos serviços da minha empresa que você verá neste livro; afinal, se pratico o que ensino, devo incluir pelo menos alguma promoção em favor do meu "produto".)

Etapa 2

O seu empenho pessoal com a lucratividade

As observações e recomendações contidas neste livro se baseiam em dois conjuntos de experiências. Ao longo da carreira, atuei como consultor de mais de 20% das 500 Maiores da *Fortune*, bem como de inúmeras médias e pequenas empresas em todo o mundo ocidental. Tive contato com diferentes recursos administrativos, estilos de gerência, preferências pessoais, estratégias e atividades comerciais, e possuo a objetividade de um observador de fora que me permite distinguir entre o que é bom e o que é mau. Mais surpreendente me pareceu a ênfase nos próprios processos e preferências, e não nos resultados finais, como veremos adiante. Por onze anos, administrei a minha própria firma, a Kaiser Associates, que se tornou a empresa mais lucrativa do ramo. Ter de pagar salários e conquistar clientes foi uma experiência que eu jamais teria adquirido com o simples trabalho de consultoria. A combinação dessas duas perspectivas — a bem-sucedida maximização de lucros em minha própria empresa e o contato com métodos menos eficazes em organizações dos Estados Unidos e de outros países — foi o que me levou a escrever este livro. Se você fizer o que eu fiz, alcançará os mesmos resultados que alcancei.

Obviamente, administrar uma empresa exige atenção a muitos outros fatores além de lucros. É preciso chefiar, motivar e treinar os empregados, definir de modo criativo os produtos e estratégias de marketing, garantir a "fabricação" eficiente de produtos e serviços etc. A Kaiser Associates fornecia serviços de consultoria em todas essas áreas, e se você desejar poderemos conversar sobre todas elas. Contudo, este livro trata especificamente da lucratividade, que é onde tudo começa e termina. Uma empresa lucrativa dispõe do dinheiro para premiar os empregados, oferecer carreiras interessantes e investir em novos produtos, negócios e tecnologias. As empresas menos lucrativas inevitavelmente afundam na mediocridade em todos os sentidos — moral, qualidade de produtos etc. —, porque terminam financiando, de má vontade e inadequadamente, todas as fases do negócio. Se aprenderem a ser lucrativas, tudo o mais se seguirá. Se tentarem fazer tudo com níveis de lucratividade medíocres ou péssimos, sempre se verão frustradas.

Uma nota importante. Muitas vezes, dobrar, ou até mesmo triplicar, os lucros é uma proposta conservadora. A maioria das empresas que conheço pode multiplicar seus lucros por um fator de quatro, cinco ou mesmo dez se os estágios, ou "etapas", descritos neste livro forem rigorosamente observados.

As etapas destinadas a reduzir rapidamente os custos são descritas na Parte III. O impacto dessas reduções fará aumentar, de modo dramático e permanente, a lucratividade de qualquer empresa dentro de dois a seis meses. As etapas destinadas a aumentar a receita e, portanto, melhorar ainda mais o balanço de uma empresa estão incluídas na Parte IV. Antes de abordar esses tópicos, descrevo na Parte II a cultura da empresa — ou, mais propriamente, o *estilo de chefia* necessário para implementar as etapas de redução de custos da Parte III e as etapas de aumento de receita da Parte IV. Esse estilo de liderança é ao mesmo tempo fácil e difícil de adaptar. É fácil no sentido de não exigir qualquer treinamento avançado nas áreas de comércio, contabilidade, tecnologia ou qualquer outra disciplina, e nenhum conhecimento profundo de um determinado modelo ou sistema. A maioria das etapas necessárias tem por base o bom-senso puro e simples.

Então, por que tão poucas empresas as praticam e atingem níveis impressionantes de lucratividade? Em primeiro lugar, porque muitos gerentes não se preocupam realmente com os lucros, como vimos anteriormente. Contudo, muitos dos que se preocupam com lucros são reprovados em um segundo teste: não possuem o *empenho absoluto com a lucratividade*, a *resolução* e *firme determinação* de administrar a empresa na qual trabalham conforme as recomendações deste livro. Dobrar (ou mais que dobrar) os lucros exige uma chefia *concentrada, consistente, firme* e *justa,* disposta a tornar-se, a si mesma e aos outros elementos da organização, diferente e melhor do que o comum — ou a "média" — deste mundo. Essa firme resolução, somada à sequência de etapas exposta adiante, é a única coisa que falta a um administrador para duplicar seus lucros. Em outras palavras, se você *realmente deseja aumentar os seus lucros* e está disposto a tomar as decisões necessárias, então será fácil dobrá-los.

Portanto, sente-se e leia com prazer este livro. Trata-se de uma leitura rápida, e os lucros estarão à sua espera.

Parte II
Criar a cultura

Etapa 3

Estabelecer um padrão

Toda organização deve ter um objetivo claro, único e predominante. Certas empresas dão a esse objetivo o nome de "missão". O problema é que em 90% dos casos o enunciado dessa missão ou desse objetivo não é suficientemente claro.

Em 40% dos casos, o enunciado falha por ser apenas um conjunto de banalidades e palavras bem sonantes, como: "Nossa missão é oferecer produtos superiores aos nossos clientes, estimulando as melhores qualidades de nossos funcionários e agindo como uma empresa responsável no tocante ao meio ambiente e às comunidades em que operamos."

Os restantes 50% trazem um conteúdo mais significativo, mas falham porque esse conteúdo não é dirigido ao objetivo correto. Essas declarações de objetivo ou missão afirmam que a finalidade primordial da organização é servir a tais e tais mercados, oferecendo tais e tais produtos e serviços e/ou utilizando tais e tais tecnologias. O problema é que esses mercados, produtos e tecnologias são, todos eles, simples meios para um fim, e não fins em si mesmos.

O fim, o objetivo que orienta qualquer companhia, deve ser simplesmente isto: tornar-se o *melhor*. Nada motiva tanto os funcionários, nada os entusiasma tanto e produz tão bons resultados quanto dizer a cada membro da organização que nós, como empresa, e cada um de nós, como indivíduos, seremos os melhores — e nada menos que os melhores.

Etapa 4

O que significa ser "o melhor"?

Ser o melhor significa três coisas:

1. Nunca nos satisfaremos com a média do ramo. Estaremos *sempre* dando o melhor de nós mesmos e nos esforçando simultaneamente em tantas direções quantas forem necessárias, sempre que existam coisas a realizar que ainda não realizamos.

Isto, por sinal, *não* significa "trabalhar horas extras". Minha experiência profissional demonstrou que existe pouca relação entre o total de horas trabalhadas e os resultados obtidos. Nunca forço o meu pessoal a trabalhar fora de hora e nem mesmo anoto quantos dias ou horas os empregados trabalham. Se examinar o seu dia, semana ou mês, as coisas *verdadeiramente* valiosas, *verdadeiramente* criativas que fez se concretizaram quase sempre naqueles poucos minutos ou segundos em que você teve uma inspiração súbita, fez uma venda importante ou motivou um subordinado difícil, e essas coisas tendem mais a acontecer quando você trabalha de forma comedida e não exagerada. O mesmo se aplica, em níveis diferentes, à maioria dos seus empregados. Para dobrar os lucros, o primeiro ingrediente importante é criar uma cultura que diga: ser o melhor significa sempre pensar, sempre se esforçar, sempre procurar melhorar, nunca estar satisfeito enquanto existir algo a fazer que nunca fizemos.

2. Nossa empresa será uma meritocracia. Isto significa que as recompensas — em termos financeiros, psicológicos e de carreira — serão distribuídas à base de desempenho e não de antiguidade, "simpatia" ou qualquer outra coisa. As recompensas variarão muito entre diferentes pessoas — tanto quanto o desempenho inevitavelmente varia de uma pessoa para outra em qualquer organização.

É neste trecho que eu começo a perder alguns dos meus leitores. Muitos gerentes não se dão bem com meritocracias. Muitas das 500 Maiores da *Fortune* não aceitam essa ideia. Uma meritocracia exige que o gerente tome decisões que desagradam a certas pessoas e diga cara a cara por que as tomou. Nenhum de nós quer ser uma pessoa "impiedosa" ou "perversa", e às vezes pensamos erradamente que estamos sendo impiedosos em relação àquela metade dos funcionários que premiamos menos que os outros.

Esse sentimento de culpa é inteiramente descabido. Gostemos ou não — e quase todos gostamos, quando pensamos em qual seria a alternativa —, vivemos em uma sociedade capitalista. O que devemos dar a todos os funcionários é a *oportunidade* de chegar ao topo, bem como o treinamento e o apoio para ajudá-los a chegar lá; *não* garantias desvinculadas do desempenho. E mais: o gerente que se recusa a administrar uma meritocracia está sendo injusto com os funcionários melhores, os quais não serão premiados por seu desempenho superior.

Se você não é um gerente sentimental e sim um administrador voltado para a lucratividade, pergunte a si mesmo: "A quem prefiro desagradar? Aos funcionários com melhor desempenho ou aos funcionários medíocres?" Os resultados sempre serão melhores quando se agrada à primeira metade. (Por sinal, é esta a maneira mais rápida de determinar, mesmo sem saber qual o salário de cada um, se a empresa é ou não uma meritocracia. Em uma meritocracia, a segunda metade reclama. No sistema de "antiguidade", ou em qualquer outro, são os melhores funcionários que reclamam.)

Se você é do tipo mais considerado, então faça o que eu faço. *Diga* aos novos empregados, *quando lhes oferece um emprego*, que a sua empresa é uma meritocracia. Se eles demonstrarem bom desempenho, as recompensas serão grandes. Caso contrário, não ficarão satisfeitos com as recompensas e sairão da firma mais cedo ou mais tarde, de uma maneira ou de outra. Depois de admitido o novo funcionário (ou seja, à medida que você administra o dia a dia da firma), comunique sempre, e de várias maneiras, que a sua empresa é uma meritocracia. Defina claramente as condições de uma meritocracia: como o desempenho será medido, como as recompensas serão atribuídas a cada nível de desempenho. Finalmente, mostre os resultados — bons ou maus — de acordo com os termos que você definiu. Em outras palavras, cumpra o que prometeu. Se agir assim, será justo com todos os interessados e não terá motivo para alimentar sentimentos de culpa. Melhor ainda: ouvirá de todo funcionário que você é o melhor gerente para o qual ele já trabalhou.

Criar uma verdadeira meritocracia significa ir além de uma meritocracia *pro forma* — aquela que diz que as pessoas serão premiadas pelo desempenho, mas cria uma pequena diferença salarial (digamos, de 10% a 15%) entre os melhores funcionários e os funcionários medíocres. Significa promover pessoas quando elas estão prontas para dar uma maior contribuição e galgar o próximo degrau, independentemente de idade, dos anos de serviço ou dos ressentimentos de terceiros que não foram premiados.

Se você não criar uma verdadeira meritocracia, os funcionários jamais acreditarão que você esteja levando a sério o desempenho, os resultados e os lucros. Todos pensarão: "Ele diz que quer lucros, mas Fulano está contribuindo para os lucros da empresa e, no entanto, não recebe muito mais do que Sicrano, que em nada contribui." Se tomar medidas dramáticas, decisivas e óbvias para todos — promovendo, pagando e despedindo pessoal com base no desempenho —, ficará surpreso com a rapidez com que todos se concentrarão em melhorar os resultados. Muito poucas organizações chegaram realmente a experimentar esse método, mas é algo que funciona sempre. (Certa vez, alguém me disse que, em média, o funcionário que trabalha em uma empresa em que o sistema de compensações é baseado nos resultados leva apenas cinco a sete segundos para perceber o modo de atingir esses resultados.)

3. Nos estabelecemos para lucrar. De fato, nos estabelecemos para ganhar o máximo possível. O lucro é a forma mais precisa e completa de determinar se somos realmente os melhores. Mede a satisfação dos clientes com nossos produtos e serviços e a eficiência com que somos capazes de organizar e operar para produzir essa satisfação. O lucro beneficia a todos nós — proporciona dinheiro para os acionistas, para o pagamento de gerentes e funcionários e para os investimentos que fazem a empresa crescer; isso, por sua vez, cria boas oportunidades de emprego. Quando os lucros diminuem, todos sofremos.

Etapa 5

Nunca peça desculpas por pensar em lucros

Certos acadêmicos e gerentes ineficazes costumam dizer que "os funcionários não reagem favoravelmente ao lucro como motivação básica — pouco se lhes dá que os acionistas fiquem mais ricos ou pobres". A prática, porém, desmente essa afirmação. As pessoas não apenas reagem favoravelmente à ideia do lucro, mas também *anseiam* por medidas claras de desempenho e resultados, tanto para a empresa em que trabalham como para si mesmas.

Se você disser: "Estamos aqui para enriquecer os acionistas", é claro que a reação dos funcionários não será favorável. Se, porém, você disser "Estamos aqui para ser os *melhores* (*cada* um de nós e *todos* nós); para usar nosso vigor e criatividade no sentido de melhorar e realizar mais por todos os meios possíveis; para receber uma recompensa proporcional ao nosso desempenho; e tornar tudo isso possível maximizando os lucros da empresa", eles entenderão, mostrarão interesse e voltarão os olhos para o objetivo certo. O importante é transmitir a mensagem global e, em seguida, demonstrar por meio de ações que você fala sério, como será indicado no decorrer deste livro.

Nunca se desculpe pelo esforço de maximizar os lucros. Não há por que pedir desculpas. Se você for franco e a favor de aumentar os lucros da sua empresa, seus funcionários agirão da mesma forma.

Etapa 6

Resultados, não processos

Surpreende-me a quantidade de tempo, energia e dinheiro que certas empresas, especialmente quando pequenas, gastam em "processos". Alguns possuem nomes modernos e altissonantes: Qualidade Total, Trabalho em Equipe, Planejamento Estratégico etc. É claro que cada um desses conceitos tem seu valor, seu tempo e seu lugar. Mas o que se perde na maioria das empresas é o senso de proporção – o questionamento rigoroso para saber se o esforço despendido é mais do que compensado em termos de resultados financeiros.

Qualquer gerente competente, qualquer pessoa que deseje duplicar os seus lucros, deve aumentar certo cinismo em relação aos "processos". *Qualquer* investimento em processos (e gastar o tempo alheio é o mesmo que investir dinheiro) deve ser rigorosamente questionado. Suponhamos que adotaremos o conceito; será realmente necessário manter um processo formal e prolongado para implantar o conceito ou isso pode ser feito de forma mais rápida, mais direta, mais sensata? Se a resposta é que "precisamos persuadir nossos funcionários", então pergunte: não existe um meio de comunicar a importância deste conceito que seja mais rápido, mais direto, mais sensato que um "processo" prolongado e inerentemente ineficiente? Jamais escreva um recado quando basta falar com alguém, jamais convoque uma reunião quando basta escrever um memorando, jamais convoque uma reunião de quatro horas quando uma reunião de uma hora é suficiente, jamais convoque duas reuniões quando uma é suficiente, e *jamais* adote um processo quando duas reuniões são suficientes. Ao agir assim, você poupa, em primeiro lugar, bastante tempo e dinheiro, eliminando esforços desnecessários. Em segundo lugar, convencerá os funcionários de que está muito interessado em resultados, não em processos, e o que você poupou será multiplicado à medida que eles agem da mesma forma.

A ênfase excessiva em processos é o refúgio de gerentes fracos ou medíocres. Certa vez, o presidente de uma companhia que fatura US$9 bilhões por ano, que estava há quinze anos no cargo, me disse: "Não temos propriamente uma estratégia empresarial. Criaremos uma força-tarefa para definir uma estratégia, a qual me será apresentada dentro de seis meses." Se um dirigente, após tanto tempo no cargo, não sabe dizer claramente, em dez minutos ou menos, qual a estratégia da sua empresa, o que fez esses anos todos? (Resposta: provavelmente adotando processos.) O motivo pelo qual a maioria das empresas investe demais em processos é:

1. O chefe da organização não tem credibilidade suficiente para dizer aos funcionários que só está interessado em resultados.

2. É mais fácil para os gerentes demonstrar que adotam processos modernos e brilhantes (isto é, que sabem *gastar* dinheiro) do que provar que realmente geram lucros para a empresa, de modo que se apegam ao objetivo mais fácil.

Sempre que podem, as pessoas medianas preferem o caminho de menor esforço, e em geral gerentes e funcionários são medianos. A menos que você, como chefe, se concentre realmente nos resultados e leve os outros a fazer o mesmo, eles não o imitarão. E uma sadia desconfiança contra todo processo altissonante e demorado é um modo importante de estabelecer e comunicar esse modo de agir.

Etapa 7
Custos estratégicos e não estratégicos

Sejamos um pouco mais específicos. Em minha empresa, como em outras (grandes e pequenas) muito bem-administradas e muito lucrativas que conheço, todos os custos são divididos em duas categorias:

1. *Custos estratégicos,* definidos como tudo aquilo que diretamente "gera negócios" e faz aumentar os lucros, como, por exemplo: custos de vendedores (mas não de gerentes de vendas), publicidade *(se* estiver produzindo resultados) e P&D (pesquisa e desenvolvimento) *comercializável.*

2. *Custos não estratégicos* são todos os outros, isto é, aqueles custos necessários ao funcionamento da empresa, mas que não geram negócios de forma direta ou clara. Todos os custos administrativos pertencem a esta categoria: gerentes, pessoal e material de escritório, aluguéis ou custo de imóveis, consultores, advogados, computadores etc. Esta categoria costuma incluir também os custos de operar a produção de bens ou serviços.

Em minha empresa, todos os relatórios de custos (que, por sinal, são poucos, pois a contabilidade de custos tende a se transformar em apenas mais um "processo", se você deixar que isso aconteça) são divididos em duas categorias: custos estratégicos e não estratégicos. Sempre que os gerentes da minha empresa se reúnem para discutir uma nova diretriz, um novo investimento ou como aumentar os lucros, classificamos automaticamente todas as respectivas despesas como estratégicas ou não estratégicas.

O motivo é simples e *muito* sério. O meu papel (ou o papel do leitor como administrador) é fazer com que:

1. A firma gaste mais que os concorrentes em *custos estratégicos* e gaste esse dinheiro nos tempos *bons* e *maus.*
2. A firma *reduza ao mínimo possível os custos não estratégicos.*

Estes conceitos tão simples, aplicados com empenho e firme determinação, são mais poderosos como maximizadores de custos que o mais complexo e detalhado compêndio ou processo comercial que já se concebeu até hoje. Trata-se de bom-senso, e o fato de que 95% dos empresários e gerentes não os praticam representa uma enorme oportunidade competitiva para os que o fazem.

Gastar mais que os concorrentes em custos estratégicos requer inteligência e discernimento. É preciso distinguir entre despesas de vendas, marketing e P&D que *realmente* beneficiam o balanço da empresa e aquelas que são antieconômicas e tendem a não trazer benefícios. Ninguém pode oferecer ao leitor uma "fórmula" que o ajude a fazer essa distinção. A boa administração é 80% arte e somente 20% ciência. Aplicar essa inteligência e esse discernimento de modo permanente — distinguir entre as despesas estratégicas que realmente valem a pena e os custos não estratégicos — é o que faz do trabalho do administrador um desafio e um prazer. No final, porém, ele tem de ser capaz de identificar um número suficiente de despesas estratégicas para ter certeza de gastar bem mais que os concorrentes em custos estratégicos, como percentual de vendas, quando não em cifras absolutas. Gastando mais em custos verdadeiramente estratégicos, ele fortalece a sua empresa.

"Reduzir ao mínimo possível os custos não estratégicos" requer o constante questionamento de todo custo não estratégico. Exige pressupor que esses custos podem ser eliminados até prova em contrário. Acredito firmemente que cada uma das 500 Maiores da lista da *Fortune* tem três gerentes para cada gerente realmente necessário (a proporção é de dez para um nos órgãos do governo). Em média, essas grandes empresas produzem dez relatórios para cada relatório de que realmente precisam. (Um gerente que conheço adota o seguinte sistema sempre que assume o comando de uma nova empresa. Manda cancelar *imediatamente* todos os relatórios periódicos, escritos ou gerados por computador. Toda a produção e distribuição de papelada para de repente. Os funcionários que deixam de receber relatórios cruciais põem a boca no mundo, e ele manda restabelecer esses relatórios. Dois meses depois, quando cessam as reclamações, somente 40% dos relatórios originais são solicitados e emitidos.) Em média, as firmas ocupam duas vezes mais espaço de escritório do que precisam. Em termos de computadores, possuem *pelo menos* três vezes mais capacidade do que precisam. (Você já calculou a taxa de utilização do que a sua firma investe em computadores? Prepare-se para ter um choque.)

Acredito piamente nisso. Às vezes encontro uma firma na qual esses desperdícios não acontecem. *Mas para maximizar os lucros, para reduzir ao mínimo possível os custos não estratégicos, precisamos partir desses pressupostos e desse cinismo, e deixar o ônus da prova a cargo dos que desejam justificar os custos, não dos que desejam eliminá-los.*

Etapa 8

Não quantifique demais as coisas

Meus pais são matemáticos e fizeram com que todos nós — meus irmãos, minhas irmãs e eu — aprendêssemos cálculo diferencial e integral aos oito anos. Na universidade, fiz um curso especial de matemática por dois anos. Muitas vezes os professores enchiam três quadros-negros para demonstrar um teorema que era intuitivamente óbvio. Essa experiência me tem sido útil de muitas formas, mas, sob certo aspecto importante, eu, como empresário, tive de esquecer toda a matemática que aprendi; ninguém deve perder tempo quantificando um problema cuja solução já conhece, nem gastar mais de alguns minutos para quantificar algo quando há grande probabilidade de que já saiba a resposta certa.

Há pouco tempo, conversei com o chefe de uma pequena empresa de assistência médica (faturamento de US$4,3 milhões) que decidira pagar US$50 mil para quantificar o tamanho do mercado "total". A empresa sabia que a sua fatia de mercado era menos de 1%, mas queria saber se o mercado total era de dois, três ou quatro bilhões de dólares, ou seja, se a sua fatia era de dois décimos, um décimo e meio ou um décimo de 1%. Que importa isso? Para melhorar o balanço da empresa e para aumentar a participação no mercado, as medidas tomadas internamente são muito mais importantes que qualquer quantificação desse tipo. Em outras palavras, aqueles US$50 mil poderiam ser gastos em várias outras coisas que levariam a um aumento direto do faturamento (ou, então, não ser gastos e passar a engrossar os lucros). Talvez este exemplo seja extremo, mas não é raro. Muitas empresas quantificam todo tipo de coisas que "gostariam de saber"; quantificá-las custa tempo e dinheiro e não aumenta os lucros.

Outro gerente que conheço insiste em receber do seu pessoal *previsões* dos lucros futuros, por mês, trimestre e ano, e quer que essas previsões sejam frequentemente atualizadas, ocupando alguns dos seus melhores funcionários com essa tarefa. E, como sempre acontece, isso tem um efeito secundário prejudicial: os funcionários acham que o que ele deseja, valoriza e premia são *boas previsões de lucros.*

Nenhuma empresa até hoje ganhou um tostão com previsões. Toda empresa se estabelece para *ter* lucros, não para *prevê-los.* Na maioria dos casos, eu eliminaria 80% dos recursos humanos dedicados a fazer previsões e malabarismos com números e empregaria esse tempo na atividade de ganhar dinheiro, não de contá-lo.

Na Harvard Business School, tive um professor que nos ensinou o seguinte truque: sempre que tiver de tomar uma decisão e não conseguir optar por uma coisa ou outra, pense durante dois segundos. Não mais tarde, *agora mesmo.* Depressa, já se passaram dois segundos. Muito bem, você tomou a sua decisão. Agora vá para a sua sala, faça os seus cálculos e volte com a decisão final. Verificará, sempre, que a resposta que obteve em dois segundos e a resposta "cuidadosamente pesquisada" são exatamente iguais.

Aprendi esse truque há muitos anos, e sempre funciona.

Os gerentes costumam pedir mais dados do que precisam. Um bom gerente é instintivo: toma a decisão acertada baseado em poucos dados. A quantificação que os gerentes menos competentes exigem é, na verdade, ilusória; eles acabam tomando decisões baseados no que pode ser quantificado e não no que é importante. Em qualquer decisão comercial, as variáveis cruciais geralmente só podem ser julgadas e medidas com base na experiência e no instinto, e não quantificadas. E, como diz o ditado: é melhor estar mais ou menos certo do que 100% errado.

Etapa 9

Não delegue nem de mais nem de menos

Não seria realista esperar que muitas pessoas na sua empresa tenham o mesmo nível de experiência e discernimento e o mesmo cuidado com os lucros que você tem como chefe. Tudo o que é importante, e que realmente afeta o resultado financeiro, deve ser decidido por *você*. Mas você deve delegar tudo o mais: todo o trabalho, todas as etapas necessárias para definir uma decisão ou medida a tomar e todos os telefonemas a serem respondidos com grande dispêndio de tempo. Um bom gerente executa 1% de todo o trabalho, mas contribui com mais de 50% do valor produzido pela empresa, pois usa a sua experiência e o seu discernimento superiores para tomar decisões que geram lucros.

(Por sinal, é isto que torna equivocada toda a recente discussão em torno do salário dos executivos. Não há dúvida de que homens como Jack Welch, da GE, e outros excelentes gerentes contribuem, para as empresas em que trabalham, com um valor muito maior do que o salário que recebem. Alguns provavelmente contribuem em uma semana mais do que ganham em um ano, ao fazer a empresa se concentrar em aumentar os lucros. Os presidentes e gerentes medíocres, que adoram "processos", esquecendo os lucros e nada acrescentando à empresa, são homens que ganham mais do que valem. A verdadeira questão não é o salário dos executivos e sim a sua competência.)

Delegar é um assunto muito em moda. Tem até a sua palavra de ordem: *empowerment*, que pode ser definida como "dar maior poder aos funcionários". Até aí, tudo bem, mas somente se as pessoas às quais você concede poderes têm a capacidade e os meios empresariais necessários para se concentrar na lucratividade ou se recebem outros poderes enquanto você, como chefe, controla a lucratividade. *Empowerment*, porém, não é algo "absoluto" nem um fim em si mesmo. Dar plenos poderes aos membros de uma organização que ainda não se tornou uma empresa voltada para os lucros é abdicar da sua maior responsabilidade como gerente.

Um mau gerente "estuda" detalhadamente a empresa (quantifica demasiadamente as coisas) e a administra somente de modo geral (delega demais). O bom gerente "estuda" a empresa somente de modo geral, mas a administra em detalhes — os que são importantes.

Etapa 10

Maximizar a satisfação do cliente pode levar à falência

Há muitas maneiras de diferençar os produtos de sua empresa e agradar aos clientes: oferecer alta qualidade (exemplo, Mercedes-Benz), melhor serviço (Disney), maior escolha (Brinquedos "Us"), imagem de marca superior (FedEx), ou uma combinação desses fatores. O objetivo de uma empresa que deseja maximizar os lucros não é maximizar a diferenciação e sim:

> *Oferecer ao cliente os elementos de diferenciação pelos quais ele está disposto a pagar, e não os que* não está.

Não se trata de insensibilidade ou egoísmo, mas de sobrevivência e bom-senso. Você não agrada ao cliente quando acrescenta ao seu produto ou serviço os custos de uma diferenciação que ele não deseja e que aumenta o preço a ser pago. Mais cedo ou mais tarde ele passará a comprar de um fornecedor esperto o suficiente para oferecer a diferenciação certa e excluir a errada.

O Accord, da Honda, com apenas quatro cores e dois pacotes de opcionais, levou a melhor sobre as linhas de automóveis da General Motors, que ofereciam uma variedade quase infinita de cores, rádios, motores e estofados de assentos com padrões diferentes, os quais faziam aumentar o preço dos carros e a complexidade de fabricação e logística da GM. A Honda eliminou os custos dessa variedade desnecessária, embolsou parte da economia que fez e ofereceu o restante dela ao cliente sob a forma de qualidade superior e *padronizada*.

A L'eggs revolucionou a indústria de meias-calças e ganhou muito dinheiro quando compreendeu que as mulheres não precisavam pagar os altos preços de uma fina loja de departamentos para comprar um item rotineiro e prosaico, de uso diário.

Manter na medida certa o que será oferecido ao cliente: é aí que estão os lucros, é isso que exige discernimento e torna tão interessante a tarefa de administrar uma empresa. Você *deve* conceber um meio de oferecer um tipo superior de diferenciação, do contrário nada tem a vender. Mas a vasta maioria das pessoas em sua organização — vendedores, engenheiros, publicitários, empresários — é treinada para *acrescentar* diferenciação. Quem é *treinado* para *eliminar* esses dispendiosos elementos de diferenciação pelos quais o cliente não está (ou não está mais) disposto a pagar? A resposta é: muito poucos. É por isso que é tão importante que você treine a sua organização no sentido de criar uma cultura que pergunte: "Quanto é que o cliente está disposto a pagar?"

"Maximizar a satisfação do cliente" é uma frase banal e uma forma de fugir à responsabilidade. (Se realmente deseja isso, reduza o seu preço a zero ou dê ao cliente uma viagem gratuita para o Havaí ou um carro novo todos os meses. Assim ficará também completamente falido.) O melhor para o cliente, para você e para os lucros da sua empresa é distinguir entre o tipo de diferenciação pela qual o cliente paga e aquelas outras coisas que "é bom ter, mas o cliente não paga".

Etapa 11

Tempo estratégico e tempo não estratégico

Tal como existem custos estratégicos e não estratégicos, existem também tempo estratégico e tempo não estratégico:

- *Tempo estratégico* é definido como tudo o que se faz e *produz lucros.*
- *Tempo não estratégico* é tudo aquilo que é "trabalho" e atende às exigências de algum "processo", mas não contribui para aumentar os lucros.

O papel de um bom administrador é comunicar aos funcionários, por meio de palavras e atos, que o primeiro lhe agrada muito e que o segundo lhe desagrada. Se você mudar a forma pela qual administra o seu tempo e estimular as pessoas à sua volta a fazer o mesmo, verá centenas de mudanças de comportamento por parte de todos os membros da organização, os quais esperam que a chefia lhes dê o exemplo.

Os funcionários respondem favoravelmente a vários sinais não verbais que você transmite. Como age, quanto se concentra em resultados, quanta pressa demonstra ter, quão intolerante demonstra ser com o desperdício de tempo? Pense na última reunião que dirigiu. Era *realmente* necessário manter nove funcionários numa sala durante quatro horas? *Todos* realmente se beneficiaram com o que foi dito, ou melhor, contribuíram para o que foi dito? Era tão importante assim que Janet estivesse presente durante toda a reunião? E Michael? E Karen? Talvez você esteja, sem querer, comunicando que os processos e protocolos são mais importantes que os resultados. Karen não poderia ter telefonado para um cliente (ou, melhor ainda, para um cliente em potencial) durante o tempo em que ouviu a palestra de Michael? Qual seria o uso mais proveitoso desse tempo?

Cem vezes por dia, você literalmente desperdiça algum tempo ou permite que isso aconteça em sua organização. Não estou sugerindo que se eliminem a cestinha de basquete do escritório, o tempo gasto nos bebedouros ou uma ou outra folga para um bate-bola; essas coisas são *distrações*. O que estou dizendo é que você deve eliminar reuniões desnecessárias, formulários a serem preenchidos e outras atividades que *não* são distrações *nem* produzem lucro. Elas existem simplesmente por força de hábito, falta de rigor e liderança da gerência. A mensagem que um bom chefe transmite aos seus funcionários é:

1. Somos uma empresa exemplar, um lugar de trabalho incrivelmente interessante.
2. Estamos aqui para ganhar dinheiro.
3. Temos ainda *muito* a realizar, *muitas* oportunidades para aproveitar.
4. Cada parcela, cada fibra, cada dólar, cada minuto da nossa organização deve ser utilizado para desenvolver o nosso potencial e realizar um lucro. Faremos incessantemente tudo o que contribua para esse fim.
5. Tudo o mais — isto *é*, todo dólar e todo minuto não estratégico — será implacavelmente eliminado. Afinal,

> o que vocês, funcionários, desejam? Trabalhar para uma firma exemplar ou simplesmente bater o cartão de ponto? Quando trazem um novo cliente para a nossa empresa ou eliminam um custo desnecessário, ajudam a nossa empresa a se tornar uma grande empresa. Quando simplesmente assistem a uma reunião, ou preenchem um formulário, ou produzem números, ou perdem tempo com uma tecnologia que ninguém irá comprar, ajudam a tornar medíocres a nossa empresa e vocês mesmos.

Uma coisa leva a outra. As inevitáveis decisões severas e difíceis se tornarão aceitáveis e até mesmo *atraentes* para os funcionários se você demonstrar, com a sua conduta, que como chefe está interessado em resultados e em construir um futuro melhor. No entanto, a mensagem *só* terá credibilidade se for refletida naquilo que você pratica no dia a dia do seu trabalho.

Etapa 12

Crie um senso de urgência

Praticamente não existe tarefa administrativa que leve seis meses para ser realizada. No entanto, quantas forças-tarefas, quantos consultores ou comitês recebem esse prazo (ou mais) para cumprir uma missão (ou pior, para apresentar "um plano", mas, na verdade, não fazer nada)? Quantos gerentes de pequenas empresas *sabem* o que deve ser feito e o que é realmente importante para o futuro da empresa em que trabalham, mas levam meses ou anos para fazê-lo por estarem "simplesmente ocupados demais"?

A primeira coisa que faço na manhã de cada dia de trabalho é dividir em três listas tudo o que devo fazer durante o dia. A primeira lista inclui todas as tarefas que possam produzir novos negócios (ou seja, aumentar a receita) ou eliminar custos. (Só existem essas duas maneiras de gerar lucros, uma vez que lucro é receita menos custos.) A segunda lista inclui o que devo fazer para *manter* os negócios já existentes ou manter em funcionamento um sistema operacional interno já existente. A terceira lista inclui tudo o que alguém espera ou deseja que eu faça, mas que não acrescenta nada aos resultados da minha empresa. *Jamais* começo a trabalhar a segunda lista antes de terminar a primeira e *nunca* passo à terceira antes de terminar a segunda. *Sempre* termino o que estava na primeira lista antes do meio-dia, quando a minha mente está mais alerta e a minha criatividade é maior. Sempre faço tudo o que estava na segunda lista até a metade da tarde. Às vezes termino de fazer o que estava na terceira lista e, às vezes, decido que já chega e vou para casa.

Esta sequência é o *oposto* da tendência humana normal. As tarefas mais importantes (as da lista 1) são geralmente as mais difíceis de conceituar e implementar, de modo que a tendência é adiá-las e executar primeiro as menos complicadas (lista 3); daí o empresário estar sempre "ocupado demais" para fazer o que é mais importante.

Você deve atribuir toda urgência às coisas mais importantes. Esse senso de urgência, porém, exige mais do que isso. É preciso insistir em criar uma cultura que afirme que nenhuma coisa importante leva mais de alguns minutos, ou um dia, ou uma semana — ou um mês, se for realmente complexa — para ser feita. *Sempre* estabeleça prazos realmente curtos. Se agir assim, as pessoas sempre os cumprirão, não trabalharão a noite inteira e deixarão de executar tarefas improdutivas. É esse o verdadeiro benefício dos prazos curtos. Minha filosofia é *sempre manter grande escassez de recursos,* pois este é o *único* meio de fazer com que as pessoas tratem de separar as tarefas produtivas das que não o são. O oposto também é verdadeiro: quando possuem um prazo maior, entra em ação aquele velho princípio que diz que o tempo gasto em uma tarefa aumenta na proporção do prazo concedido.

Jamais convoque uma reunião para discutir um assunto, e sim *somente* para tomar uma decisão. Nunca, ou *raramente,* aceite do seu interlocutor uma resposta do tipo "vou pensar no assunto e mais tarde lhe telefono". O que ele saberá mais tarde que já não sabe agora? Deve tomar a decisão *agora,* para que mais tarde possa tomar *outra* ou realizar outra tarefa e, assim, ser duplamente produtivo.

Lembre-se: a impaciência que teima em fazer as coisas *agora* é uma grande produtora de lucros. Além disso, gera enorme respeito por parte dos que estão à sua volta. Ninguém respeita um indivíduo que sempre deixa para amanhã o que pode fazer hoje; todos admiram os realizadores. Sempre que entro em algum escritório, solicito dos meus auxiliares um número maior de coisas. Você poderia pensar que eles têm pavor de me ver. O que ocorre é exatamente o contrário. Repetidamente, me dizem que a minha presença lhes serve de estímulo, que o meu *senso de urgência* e o modo como o transmito são contagiosos, animadores e lhes dão maior entusiasmo pelo trabalho.

Crie e mantenha um forte senso de urgência em sua empresa e você colherá os resultados em termos de maior concentração de esforços e maior produtividade por parte de todos.

Etapa 13

Convertendo a cultura em ação

Há um fluxo contínuo de *feedback* entre cultura, ação e resultados. Você usa palavras para criar uma cultura voltada para os lucros, mas é com os seus atos que dá credibilidade a essa cultura. Os atos produzem resultados que, por sua vez, lhe permitem recompensar os que merecem ser recompensados. Essas recompensas fazem as pessoas acreditarem mais na cultura, reforçando-a. Todos os funcionários passam a se concentrar nos lucros, os resultados se multiplicam e o fluxo recomeça.

É hora de examinarmos algumas das medidas mais específicas e concretas que você deve tomar para dobrar os lucros da sua empresa. Vejamos, primeiro, como reduzir os custos, que é o assunto da Parte III.

Parte III
Criar a cultura
Reduzir os custos

Etapa 14

Todo custo pode ser reduzido

O primeiro passo no sentido de reduzir custos é encarar *todo* custo como, na melhor das hipóteses, um mal necessário.

Em nossa sociedade, muitas pessoas encaram os custos como algo positivo. Custos maiores significam uma organização maior a ser gerida, uma burocracia maior a administrar, maior respeito por parte dos amigos e vizinhos. (Sempre me surpreende o modo como as pessoas me perguntam sobre o tamanho da minha empresa. Indagam quantos funcionários, não quantos clientes satisfeitos tenho, ou qual a minha receita. Respondo que somos uma empresa relativamente pequena em termos de funcionários — custos —, porém grande em termos de receita. Naturalmente, a verdadeira medida do sucesso é a receita, ou melhor, a diferença entre a receita e os custos.)

Eu realmente encaro todo custo, na melhor das hipóteses, como um mal necessário. Na verdade, digo aos meus companheiros de trabalho: "Não acredito em custos." E não acredito. Todo custo é algo que deve ser, implacavelmente e tanto quanto possível, banido de qualquer firma.

No dia a dia, a manifestação desse modo de pensar é que eu — e você — devemos ver *todo* custo como um obstáculo a ser vencido, ou seja, precisamos encontrar um meio de eliminá-lo. Quando visito uma empresa e vejo espaços vazios em um escritório, ou uma recepcionista lendo um romance, ou um computador que não é usado, ou ainda um gerente improdutivo e afogado em papelada, vejo logo, instintivamente, uma oportunidade de aumentar os lucros. Nenhum custo é "completamente" sagrado: nenhum gerente, nenhum sistema, nenhum cargo, nenhum gasto de capital. É verdade que muitos custos escapam ilesos ao meu ou ao seu exame, demonstrando ser necessários; mas a nossa atitude *inicial* deve ser eliminar todo custo que encontrarmos.

Estou falando aqui de um "orçamento zero" que você deve manter na cabeça, não de um processo orçamentário formal. Não pressuponha que algo deva ser feito da maneira como é feito. Em vez disso, pergunte-se: "Se eliminasse esse custo, perderia o quê, em termos de receita ou de lucro? Como e onde?" Se não puder imaginar como e onde, não precisa desse custo.

Tudo isso (e o que se segue) se aplica particularmente aos custos não estratégicos (ver Etapa 7), mas também aos custos estratégicos. *A princípio,* estes (por exemplo, despesas com vendedores ou publicidade) produzem lucros, mas somente se forem bem utilizados. Devemos eliminar todos os custos estratégicos que não produzam lucros, de modo a termos mais dinheiro para despesas realmente produtivas.

Etapa 15

Primeiro reduza os custos, depois faça perguntas

O erro mais comum cometido por um gerente (e pelo presidente ou Congresso de um país) é ser cauteloso demais quando se trata de reduzir custos: "Só devemos reduzir o custo A quando tivermos a certeza de que essa é uma decisão acertada."

Isso é pensar às avessas. O certo seria: "Só devemos manter esse custo se tivermos a certeza de que é necessário." Certa vez eu disse ao presidente de uma firma, a quem prestei assessoria por cinco anos, que o ônus da prova devia ficar a cargo de quem *gasta* dinheiro em sua organização, não de quem corta despesas. Ele respondeu que se eu conseguisse implantar esse conceito em sua empresa teria lhe prestado o maior dos serviços.

Reduzir custos tem o seu lado reconfortante. *Se* você estiver errado, alguém sempre lhe avisará e poderá restaurar o custo que eliminou. Na empresa típica, toda a pressão é no sentido de gastar mais. Admita três novos funcionários em vez de seis no departamento X, e eles inevitavelmente voltarão para dizer que estão sobrecarregados de trabalho. Compre dez computadores em vez de quinze, e logo receberá uma requisição para os outros cinco. Reduza demais os custos e terá muitas oportunidades de corrigir seu erro. Se *gastar* demais, seu dinheiro não voltará nunca. Você *tem* de mudar o modo de pensar da sua organização, a começar por você mesmo. Em caso de dúvida, *corte mais* e *gaste menos*. A tendência de aumentar custos é tão grande que somente uma força oposta muito determinada e poderosa consegue detê-la.

Etapa 16

Estabeleça orçamentos "arbitrários" e não negociáveis

A fim de "primeiro reduzir custos, depois fazer perguntas", a administração da empresa pode estabelecer para determinado setor um orçamento bem limitado e deixar ao encarregado a tarefa de encontrar um meio de se manter dentro desse orçamento.

Certa empresa de serviços profissionais com a qual trabalho tem uma receita de US$50 milhões por ano e costumava gastar US$250 mil por mês com materiais e serviços de escritório. Uma rápida análise deixou claro que ninguém nunca fez qualquer tentativa séria de controlar ou minimizar esses custos. Adverti que, em minha experiência, as despesas com suprimentos de escritório são 40% menores nas empresas que se preocupam com os lucros do que nas "comuns" (ou seja, como aquela).

Estabelecemos um orçamento um tanto arbitrário (isto é, baseado na nossa opinião e não em algum estudo detalhado e dispendioso), igual a 60% das despesas anteriores (ou seja, 40% menor). O chefe da empresa declarou que *só podemos dispor desse dinheiro; não emitiremos cheques que ultrapassem esse total; portanto, não estourem o orçamento.* Todos trataram de obedecer.

O orçamento foi respeitado no primeiro mês e é respeitado há 22 meses. O dinheiro economizado pela empresa chegou a mais de US$1 milhão por ano, ou 2,4% do faturamento. O tempo gasto para realizar essa economia foram os quinze minutos em que tomamos tal decisão, outros cinco para redigir o memorando que anunciava o novo orçamento e meia hora para informar e motivar os supervisores interessados.

Mais tarde, verificamos os métodos adotados para realizar essa economia. Descobrimos que os supervisores recorreram à criatividade e autoridade para evitar redundâncias, desperdícios e "confortos" desnecessários (nem *todos* precisavam ter na sala o tipo mais caro de quadro-branco, com moldura de madeira). A redução de custos deu certo graças à sequência adotada. Não pedimos que cada supervisor nos informasse quanto às reduções que podiam ser feitas e usar essas informações para estabelecer um orçamento. Em minha experiência, esse método teria produzido uma economia de, no máximo, 5%. Em vez disso, nós mesmos estabelecemos um orçamento baseado em nossa experiência e opinião e deixamos que os supervisores reagissem. Se houvéssemos cortado demais (o que não foi o caso), eles teriam nos advertido e, mais tarde, aumentaríamos a verba.

Na organização em que trabalha, existem *muitos* exemplos de custos — alguns grandes, outros pequenos — aos quais você pode aplicar esse método. O resultante aumento de lucros está à sua espera. Tudo o que é preciso é a decisão e a experiência para realizar tais economias.

Etapa 17

A necessidade de pedir a aprovação do chefe

Há outro método *altamente* eficaz que você pode usar para reduzir custos. Não elimine a despesa em questão nem estabeleça um orçamento; simplesmente anuncie que qualquer autorização de despesa terá de ser feita em contato pessoal e direto com você.

Faço isso em muitos casos — aquisição de mobília nova, admissão de um novo funcionário, contratação de serviços externos (tais como mão de obra temporária, pesquisa de mercado etc.). Os resultados têm sido *excelentes*. Alguns funcionários me escrevem um memorando conciso e convincente, apresentando os motivos pelos quais a despesa é necessária, e eu os aprovo. Mas tais pedidos são raros; o restante do dinheiro que antes era "necessário" nunca é solicitado, portanto deixa de ser gasto.

Todo mundo gosta de gastar dinheiro anonimamente. *Ninguém* quer ser apontado como gastador e ter de pedir ao chefe que autorize uma despesa, *a não ser que tenha um motivo justo*. Essa técnica tão simples serve para estabelecer uma diferença quase perfeita entre despesa justificada e despesa desnecessária.

Torne trabalhoso o processo de solicitar despesas. NÃO crie um simples formulário a ser preenchido. Não seja muito fácil de abordar. Sempre examine cuidadosamente as solicitações que venha a receber e desaprove o maior número possível delas. Adquirindo essa reputação, você verá seu sistema funcionar: a maioria não terá ânimo de pedir, mas as despesas justas serão aprovadas. Se for muito acessível e "mole" demais, não tirará muito proveito do sistema.

A lição das etapas 16 e 17 é: *não* gaste dinheiro ao acaso nem rotineiramente. Transforme o ato de gastar em um processo difícil, que deve passar por vários trâmites para ser justificado.

Etapa 18

Nenhum custo é tão pequeno que não mereça análise

Este princípio é muito simples. Mostre aos funcionários que você se preocupa em poupar dinheiro quando a despesa é pequena, e verá quanto esforço eles farão para poupar quando a despesa é grande. Encare *toda* despesa como um "mal necessário", sem exceções. Se ceder um milímetro, é provável que tenha de percorrer um quilômetro. Examine *todos* os custos, e a sua mensagem será levada a sério. Além disso, é com as "pequenas despesas" que se pode fazer uma economia surpreendente, exatamente porque são elas que ninguém se deu ao trabalho de examinar.

Seja coerente. *Todo* custo deve provar ser necessário.

Etapa 19

Não se preocupe — os funcionários o respeitarão

Há gerentes que receiam passar por "maus sujeitos", ou "sovinas", quando se mostram rigorosos em relação a reduzir despesas. Mas, se você demonstra competência no que faz, esse receio é infundado.

Firmeza e competência geram respeito, não ressentimento. É a combinação de firmeza, incompetência e mediocridade que gera ressentimento. Portanto, se demonstrar competência, sua firmeza será aceita.

Por irônico que pareça, muitos gerentes são suficientemente competentes sem saber. Como já disse antes, a ênfase na redução de custos, a ênfase em ser o melhor, é mais uma questão de vontade e determinação do que de alta tecnologia. Para quem se mostra resoluto é relativamente fácil ser um bom gerente e maximizar os lucros. É apenas uma questão de adotar o modo de pensar correto e arregaçar as mangas. Se você for resoluto, será competente; e se for competente, será respeitado e aceito. Esse respeito fará com que você se torne ainda melhor e mais firme, capaz de estabelecer "um fluxo positivo de *feedback*", como dizem os psicólogos.

Etapa 20

Os funcionários são muito mais adaptáveis do que você imagina

Sempre que elimino um custo, alguém me pergunta: "Você espera mesmo que tal e tal funcionário ou grupo de funcionários aceite isso?" Seis meses depois de implantada a medida, ninguém mais se lembra de como as coisas eram antes. Eles se adaptam rapidamente a qualquer nível de expectativa.

Certa vez transferi o escritório da minha empresa em Washington de um prédio no centro da cidade para outro no subúrbio, poupando com isso centenas de milhares de dólares em aluguéis. Alguns dos gerentes se opuseram, dizendo que não podíamos fazer isso, uma vez que parte do nosso recrutamento de pessoal é feito nas escolas, e os candidatos não iriam querer morar no subúrbio ou tomar condução para ir ao trabalho, e tampouco abandonar a vida noturna da cidade. E insistiram nesse argumento.

Minha resposta foi que a nossa empresa era ótima e que oferecia ótimos empregos. Os funcionários se ajustariam; poderíamos até aumentar o salário de qualquer funcionário leal e antigo que se sentisse prejudicado com a mudança. O que não tinha sentido era desprezar a economia que poderíamos fazer.

No ano passado, pusemos fim ao serviço de mensageiros para entrega de encomendas na mesma área metropolitana em que estávamos estabelecidos. Tratava-se de uma poupança de US$20 mil por ano, quantia que não era pequena para uma empresa como a nossa. Quando anunciei a mudança, houve quem indagasse: "Não é possível! Como vamos entregar as encomendas?"

Seis meses depois estávamos adaptados. Parte das encomendas é hoje enviada pelo correio. Há funcionários que vão para casa de carro. Certos fornecedores nossos agora se encarregam de outras entregas, em vez de nos cobrar quarenta dólares por um mensageiro. A verdade é que o que parecia impossível é, hoje, parte integrante do nosso dia a dia.

É o que acontece quase sempre. As pessoas se habituam de tal forma à rotina de uma empresa que certas mudanças destinadas a evitar despesas parecem drásticas. No entanto, pouco tempo depois essas mudanças "drásticas" se tornam rotineiras e bastante inofensivas. Os funcionários ajustam suas expectativas e rotinas. O dinheiro começa a sobrar para despesas mais importantes, inclusive para pagar mais aos funcionários.

Etapa 21
Comece onde dói menos — com os fornecedores

Muitos gerentes sentem a necessidade premente de reduzir custos, mas relutam em impor mudanças "dolorosas" à empresa onde trabalham. A maneira mais indolor de reduzir custos é administrar rigorosamente os preços pagos aos fornecedores de bens e serviços.

Os fornecedores representam uma *grande* fonte de economia em potencial. É possível obter considerável economia com relativamente pouco esforço. Que percentual dos custos totais da sua empresa corresponde à compra de bens e serviços? Em muitas companhias, a proporção chega a ser de 50% ou até 70%; raramente é menos de 20%. Se os bens e serviços comprados corresponderem a 50% dos custos totais e você economizar somente 8%, terá acrescentado 4% à sua margem de lucro — o que representa um *grande* impacto em termos de lucratividade.

Se a atividade de compras representa uma oportunidade tão grande de lucro é porque não recebe dos dirigentes da empresa a atenção que deveria receber. Os dirigentes costumam se preocupar com a clientela, e dedicam grande atenção a esse aspecto dos negócios; se preocupam também com os funcionários, e dirigem igual atenção a esse setor. A atividade de comprar, porém, costuma ser vista como um problema "administrativo", um "detalhe" que não merece a atenção da alta gerência; é "problema do meu gerente de compras, que é quem lida com essas coisas".

Geralmente, pergunto a esses gerentes: "Se a empresa lhe oferecesse uma bonificação de US$1 milhão caso você aumentasse os lucros em 2%, e nem um centavo se não, onde você buscaria esses 2%: com os clientes, cobrando deles um preço maior, ou com os fornecedores, obtendo um preço menor pelo que compra?" A resposta é *sempre*: "com os fornecedores" — o que é uma confissão tácita de que eles administram menos o que pagam aos fornecedores do que outros aspectos do negócio.

Certa vez fui contratado para reduzir os custos de um fabricante de vagões de estrada de ferro. No primeiro dia, me fizeram percorrer a fábrica e me apresentaram a todos os executivos da produção. "Reduza os custos da fábrica", me disse o chefe da empresa.

Dias depois, num encontro com o dirigente, perguntei:

— Qual o percentual que a produção representa em seus custos e qual o percentual representado pelas compras?

Depois de muito consultar papéis, ele respondeu que a empresa comprava as laterais, as extremidades e a parte inferior da carroceria dos vagões, e que isso representava 80% do custo total. A fabricação representava 10% do custo; os outros 10% ficavam por conta de "custos burocráticos". Perguntei:

— Quando tentou reduzir os custos de produção pela última vez?

— Faço isso de dois em dois anos — disse ele —, mas parece que não é o bastante. Nossos custos continuam altos em relação aos concorrentes e os lucros, baixos.

Perguntei qual tinha sido a última vez que a empresa tentara reduzir os custos das compras.

— Bem, só compramos aço, tintas, coisas assim. Nosso comprador é um sujeito competente.

Expliquei que uma redução de 5% no custo das compras reduziria o custo total em 4% (5% de 80%). Para uma redução igual, o custo da produção teria de cair 40% (40% de 10% é igual a 4%) — uma tarefa impossível.

Atacamos os custos das compras e, na verdade, obtivemos uma economia de 9%, ou 7,2% do custo total (9% de 80%), e isso foi suficiente para dobrar os lucros da empresa.

Etapa 22

Nunca deixe a negociação de preços a cargo do comprador

A pessoa menos qualificada no mundo para negociar preços com os fornecedores é o comprador. Quem ocupa esse cargo conversa com os fornecedores diariamente, os conhece muito bem e estabelece uma amizade pessoal com eles. Portanto, não se pode esperar que ele negocie o melhor preço possível, nem agora nem no futuro. O que esse relacionamento requer é um choque exógeno que force o fornecedor a abaixar consideravelmente o preço que cobra.

Não estou dizendo que o comprador, *literalmente*, não possa negociar com o fornecedor. O que quero dizer é que você não deve deixar a negociação unicamente a cargo do comprador; precisa de um meio para forçar o comprador a apertar o fornecedor o máximo possível.

Vejamos algumas maneiras de introduzir esse choque exógeno necessário.

Etapa 23
Arranje um "vilão"

Alguém tem de jogar pesado. Pode ser o presidente, como representante da empresa. Pode ser um "cortador de custos" especialmente designado, como uma empresa que conheço faz com muito sucesso. Pode ser um funcionário ou administrador dotado de talento especial para negociar e uma atitude prática, concentrada nos resultados da empresa. (Quando encontrar alguém assim, mantenha-o na empresa para sempre. Ele provavelmente vale cem vezes mais do que ganha.) Ou pode ser um consultor, contanto que você o autorize a implementar o que recomenda, e não apenas recomendar.

Seja quem for, você precisa de um "vilão". O papel do vilão é examinar minuciosamente o custo de cada item de compra (começando com os que representam o maior volume) e impor certos limites rígidos e "arbitrários" de preços que o comprador "relutantemente" transmite ao fornecedor. "Lamento, amigo, mas o chefe diz que isso é o máximo que podemos pagar. Não acho justo, mas não podemos fazer nada, nem eu nem você. Quer continuar a nos vender a esse novo preço ou não?"

A primeira regra de qualquer treinamento ou tratado sobre negociações é amarrar as mãos do *seu* negociador — autorizá-lo a *aceitar* concessões, nunca a *fazê-las*. Aplique essa regra ao gerente de compras da sua empresa.

Etapa 24
Decrete congelamentos e cortes

Há uma maneira quase instantânea de aumentar os lucros. Envie uma circular a *todos* os fornecedores, dizendo que os tempos andam ruins e que de agora em diante (ou nos próximos doze ou dezoito meses) você *não* aceitará aumentos de preços, portanto, não adianta insistir.

Metade dos seus fornecedores irá ignorar a carta (mas, se você se mantiver inabalável, metade dessa metade irá ceder). A outra metade congelará os preços e cancelará qualquer aumento previsto. Com isso, você terá poupado à sua empresa muito dinheiro no ano corrente.

E, agora, o curso de pós-graduação. Envie a mesma circular, mas em vez de decretar o congelamento, decrete uma redução geral de 3%. A carta deverá ser assinada por uma alta autoridade da empresa, alguém respeitado, de preferência o presidente. Amarre as mãos do seu negociador (ou seja, do seu comprador). Você ficará surpreso ao ver quantos dos seus fornecedores irão cortar os preços em 3%. Para quem não o fizer, quando a fatura chegar, mande o comprador deduzir 3% da conta e dizer: "Vocês não receberam a carta do meu presidente? O que querem? Que eu seja despedido?" A essa altura dos acontecimentos, outro grande grupo de fornecedores acabará cedendo.

Etapa 25

Recorra frequentemente a concorrências

Experimente o seguinte. No caso dos cinquenta itens mais importantes (ou seja, que representam um dispêndio maior para a sua firma), qual foi a última vez que você recorreu a uma concorrência? É bem possível que existam muitos itens que não foram submetidos a uma concorrência séria há mais de um ano. Em alguns casos, não há concorrência séria há três ou cinco anos, ou nunca houve.

Todo aumento de preço que você aceita sem recorrer a uma cotação de preços é dinheiro perdido. (Experimente anunciar aos fornecedores que qualquer *aumento* de preço provocará automaticamente uma concorrência séria. Imediatamente, o número de notificações sobre aumento de preços que você recebe cairá para a metade.)

Para cada item importante, ou mesmo semi-importante, faça uma de duas coisas uma vez por ano, *no mínimo*: promova uma concorrência rigorosa e realmente competitiva, ou, se isso der muito trabalho, simplesmente diga aos fornecedores que irá fazê-lo. Funciona do mesmo jeito.

Em nossa empresa, temos uma fornecedora de suprimentos de escritório com a qual gastamos muito dinheiro. Usamos essa companhia há seis anos. No mês passado enviei alguém para solicitar uma redução de preço e ela respondeu: "Sinto muito, o nosso preço já é bastante baixo. Impossível reduzi-lo mais." Mandei a pessoa de volta para lembrá-la de que somos responsáveis por 10% do que ela fatura por ano e que, *certamente*, ela encontraria uma maneira de nos atender. Resposta: "Eu aprecio muito os pedidos da sua empresa, mas já lhe ofereço o melhor preço possível. Não posso dar um desconto maior." Finalmente, pedi à pessoa que telefonasse para dizer que estávamos pondo um fim ao nosso relacionamento comercial e promovendo uma concorrência entre quatro novos fornecedores. Se ela quisesse, podia participar da concorrência, mas, como já sabíamos qual seria o seu preço, isso provavelmente de nada serviria. *Naquele mesmo dia* ela reduziu o preço em 20% e prometeu estudar melhor a situação para ver se podia cortar mais.

Não chegamos a promover a concorrência. Não foi necessário; eu sabia que ela não podia se dar ao luxo de nos perder como clientes.

Etapa 26

Se o fornecedor diz não, parta para um segundo ataque

O exemplo anterior nos ensina outra lição: quando o fornecedor diz "não", raramente quer dizer "de jeito nenhum"; o "não" do fornecedor é uma maneira de dizer "eu prefiro não fazer isso".

É surpreendente o número de pessoas que aceitam a primeira resposta como definitiva. Trata-se apenas de uma negociação! Repita a sua exigência várias vezes e o fornecedor terminará cedendo, nem que seja por estar cansado de falar com você e ter mais o que fazer.

Lembre-se: o funcionário do fornecedor com quem você negocia *é* um vendedor, e os vendedores costumam ser os piores negociadores do mundo. Querem *fechar a venda*; o preço não importa tanto. Convença-os de que a venda depende de uma redução de preço, e o preço será reduzido.

Etapa 27

Planeje uma economia de 15% nas compras de produtos e de 30% na contratação de serviços

No caso de serviços, é possível economizar 30%. Em geral, os custos fixos do fornecedor são altos, e qualquer negócio a mais que ele faça, independentemente do preço, contribui para aumentar o lucro que percebe. No caso de muitos *produtos*, é possível poupar 15% (ou mais), nem que seja apenas pelo fato de que, durante muito tempo, você não controlou energicamente os preços e aceitou muitos aumentos desnecessários.

Essa economia de 30%, ou de 15%, é possível em todos os casos? Claro que não. Mas, no caso de certos itens, a economia pode ser *maior*. Trinta por cento e 15% são, em média, bons "orçamentos" de poupança para a totalidade de produtos que você compra e serviços que contrata. Se conseguir *somente* 75% disso, terá economizado muito dinheiro.

Etapa 28

Descubra qual o preço que os concorrentes pagam

Quando achar que está realizando a maior economia possível em suas compras, há algo mais que você pode fazer para reduzir o preço de certos itens importantes. Descubra de quem os seus concorrentes compram e a que preço. Inevitavelmente, um ou mais desses concorrentes está pagando bem menos que você, até mesmo por produtos básicos como papel, caixas de papelão ou produtos químicos. Em seguida, *use* essa informação. Entre em contato com o fornecedor do seu concorrente e peça o mesmo preço. Ou passe a informação ao seu próprio fornecedor, tática que quase sempre funciona. Embaraçado por ter afirmado por muito tempo que estava lhe oferecendo o menor preço, ele agora terá de fazê-lo imediatamente.

Como descobrir quanto os seus concorrentes pagam? Geralmente você obtém essa informação por meio dos "boatos" que existem em toda indústria ou de contatos feitos anteriormente. Um outro modo: a minha empresa possui um grupo especializado em verificar, para os clientes, quanto os concorrentes pagam pelos principais produtos que compram. É fácil e barato. De uma forma ou de outra, procure obter essa informação. Vale a pena.

Etapa 29

Reduza o uso de produtos comprados e serviços contratados

Por mais que você possa reduzir o preço do que compra, é possível economizar ainda mais se reduzir o uso de produtos e serviços adquiridos em sua empresa.

Os exemplos vão desde o mais corriqueiro mas financeiramente importante até o essencial e financeiramente *muito* importante. Em sua empresa, alguém controla *energicamente* o uso de suprimentos de escritório? E quanto às suas compras de equipamento, acessórios e serviços de informática? (Voltaremos a esse assunto adiante.) Com que rigor você controla o desperdício em sua fábrica? O que dizer do seu uso de "consultores" — de engenharia, de pessoal, administrativos etc.? Alguém em sua empresa usa serviços de entrega rápida, de modo rotineiro e sem controle, ainda que tais serviços sejam realmente necessários? (Uma grande empresa de serviços financeiros, instalada em um arranha-céu de Nova York, descobriu que a sua seção de despachos gastava milhares de dólares por mês com serviços externos de malote para entrega de encomendas a colegas localizados *em outros andares do mesmo edifício*. Quando interrogado, o chefe da seção declarou que tinha de usar o serviço externo de malotes para remeter pacotes do 42º andar ao 14º andar, porque era mais rápido e mais seguro do que usar a mala interna da companhia. Minha resposta foi levá-lo até o saguão e apresentá-lo ao elevador.)

Em toda empresa, o *uso* de muitos, se não de todos, tipos de produtos e serviços adquiridos é visto como um direito divino, uma conveniência que seria "indelicada" de questionar. No entanto, uma estimativa conservadora do que é possível economizar nesse sentido revela uma verdade maior: o gerente que deixa de minimizar, com inteligência e rigor, o uso de itens que a empresa compra não só contribui para jogar dinheiro fora, mas também abdica da sua responsabilidade numa área crucial para a empresa.

Nos tópicos seguintes, examino um grande número de itens (mas certamente não todos) que normalmente são comprados por uma empresa e cujo uso pode ser reduzido.

Etapa 30
Computadores

Os computadores provavelmente constituem o item menos sujeito a controle nas empresas de hoje. Muitos gerentes saíram da escola antes que o uso de computadores pessoais se tornasse comum e se sentem em desvantagem em relação aos subordinados mais jovens, que "entendem de computadores". Mas, tanto quanto os gerentes, os funcionários versados em computadores se sentem, até certo ponto, intimidados pela tecnologia da informática. E, o que é pior, muitas pessoas em nossa sociedade e em nossas empresas alimentam certo fascínio pela capacidade de um Macintosh ou *mainframe* e encaram a progressiva sofisticação dessas máquinas como algo que é preciso ter, quer essa sofisticação realmente compense ou não em termos de redução de custos.

Esse desconhecimento de causa, de mistura com o *sex appeal* dos computadores, leva muitos gerentes a abdicar de sua responsabilidade e deixar as decisões sobre a compra de computadores a cargo do encarregado de "informações gerenciais" e dos eventuais usuários. É a mesma coisa que deixar que a sua decoradora decida sozinha quanto deve gastar para decorar a casa onde você mora.

Recentemente, alguém em minha empresa me pediu autorização para introduzir uma série de melhorias em termos de hardware e software no setor que produz os relatórios enviados aos clientes.

— Por que temos de gastar esse dinheiro? — perguntei.

— Porque o nosso sistema está ultrapassado — respondeu ele.

— O objetivo da nossa empresa não é ter o mais avançado sistema de computador e sim ganhar dinheiro. Diga-me de novo: por que precisamos comprar o novo sistema?

Resposta:

— Por ser ultrapassado, o nosso sistema obriga os funcionários a esperar três ou quatro minutos para carregar um arquivo e trabalhar nele. Pense no dinheiro que economizaríamos!

— Ótimo. Pensemos no dinheiro. Quanto pagamos em média aos funcionários deste departamento? Com que frequência são obrigados a esperar três ou quatro minutos a cada semana? Qual o custo dessa demora em termos de salário (na hipótese improvável de que não possam fazer outra coisa enquanto esperam)? Qual o custo do novo sistema que "resolve" esse problema? Qual o período necessário para que essa economia de tempo compense o custo do novo sistema?

Fizemos as contas. Em 26 anos, o novo sistema estaria pago. Não é preciso dizer que não o compramos.

É surpreendente a frequência com que as pessoas dizem que "o aumento de produtividade" é a razão pela qual se deve gastar mais dinheiro em um sistema de computação. No entanto, raramente alguém chega a *quantificar* esse aumento ou calcular em quanto tempo a compra de um novo sistema se justificaria. Você certamente não construiria uma fábrica agindo dessa maneira, mas é assim que compra um computador!

É óbvio que muitas e muitas vezes a compra de um novo computador é justificada. Mas muitas outras não é. Um bom gerente, disposto a aumentar os lucros da sua empresa, deve assumir a responsabilidade de decidir o que é e o que não é justificado.

Outro aspecto importante da redução de custos é a utilização da capacidade dos seus sistemas de informática, especialmente dos PCs. Em toda grande empresa (e em muitas pequenas) que visito, *todos* têm um PC em cima da mesa. Alguns funcionários usam frequentemente esse equipamento e precisam dele. Outros o utilizam durante quinze minutos por dia ou por semana. Isso é gastar muito dinheiro com uma máquina que fica parada a maior parte do tempo! Se você se desfizer dessa máquina, ninguém notará a diferença. Em outros casos, um único computador seria suficiente, se usado por vários setores.

Você quer aumentar os seus lucros *agora*? Congele imediatamente todas as compras de PCs. Se algum novo funcionário precisar de um PC, tire um de alguém que mal o usa. Você levaria anos para eliminar toda a capacidade não utilizada. (Na verdade, nunca a eliminaria. Antes disso, alguém viria lhe pedir um novo PC porque o velho está obsoleto.)

Uma observação final. Os fatores de *sex appeal* e de novidade levam os funcionários a fazer coisas em um computador que seria mais barato fazer manualmente. Já vi centenas de relatórios, planilhas etc. gerados por computador que levam mais tempo para serem digitados do que uma pessoa comum levaria sem um computador. Um vizinho meu (executivo de uma empresa) investiu recentemente em um sistema de pagamento de contas por telefone, inventado pela companhia telefônica local. É fisicamente impossível para qualquer pessoa pagar por telefone uma conta em menos tempo do que o necessário para preencher um cheque e metê-lo em um envelope. O sistema telefônico desperdiça tempo e dinheiro, mas é uma "novidade interessante".

Tudo bem quando essa pessoa está em casa, mas não quando o uso desse método prejudica a lucratividade da empresa.

Aprenda a lidar com computadores. Não se *apaixone* por eles nem *fuja* deles. Tanto uma coisa quanto a outra podem lhe custar muito dinheiro.

Etapa 31
Pesquisa e desenvolvimento

Um problema mais antigo e, em alguns casos, muito maior é a atividade de pesquisa e desenvolvimento (P&D).

Os executivos evitam examinar detalhadamente o setor de P&D pelo mesmo motivo que evitam examinar o setor de informática. Quase sempre os executivos são as pessoas mais instruídas e "competentes" de um departamento. Mas quando conversam com cientistas e engenheiros sobre P&D se sentem ignorantes. O resultado é que muitos preferem deixar P&D com os cientistas, na suposição de que estes sabem o que estão fazendo.

A boa notícia é que os cientistas *realmente* entendem de ciência. A má notícia é que *não* entendem de administração nem de lucros. Infelizmente, quem deixa P&D com os cientistas pressupõe que eles entendem de ciência *e* de lucros.

Costumava-se dizer que os Laboratórios Bell eram a melhor organização de P&D do mundo. Quando eu indagava o que isso queria dizer, a resposta era: "Bom, eles têm mais cientistas empenhados em trabalho avançado de alta tecnologia do que qualquer outra organização de P&D do mundo." O que provavelmente era verdade. Infelizmente, também pode ser verdade que, *pelo dinhei-*

ro que gastaram, lançaram no mercado menos produtos comercializáveis e oportunos do que qualquer outra organização de P&D do mundo. Eram a melhor ou a *pior* organização de P&D?

Como em todas as outras áreas de uma empresa, não existe mágica para poupar dinheiro em P&D. Bastam rigor e atenção. Entre as normas a adotar estão as seguintes:

- Examine toda categoria de despesas de P&D com o mesmo cuidado com que examina outros setores da firma com os quais está mais familiarizado.
- NÃO deixe que os cientistas falem com você em termos científicos. Se eles não souberem explicar CLARAMENTE o valor de determinado projeto para a empresa, não o aprove. *Insista* nisso, e não deixe que a frustração com a sua falta de conhecimento científico o leve a desistir e ceder. Se eles não podem explicar o valor de uma possível descoberta em termos inteligíveis para um leigo, como você administrará o setor e como seus vendedores venderão essa descoberta?
- Peça ao pessoal de P&D (ou da engenharia ou de outro departamento técnico) que classifique seus projetos e despesas em cinco categorias:
  1) P&D básica pura.
  2) P&D de novos produtos.
  3) P&D para aperfeiçoamento de produtos existentes.
  4) P&D de processos, isto é, P&D destinada a reduzir o custo de fabricação ou de um grupo de operações.
  5) P&D de clientes, isto é, trabalho realizado com os clientes por cientistas e engenheiros de sua firma, com a finalidade de adaptar os produtos às necessidades e aplicações dos clientes.

Este tipo de classificação contribui em muito para fazê-los falar claro e refletir sobre os seus projetos em termos comerciais, voltados para a lucratividade. Por sinal, posso dar uma dica: as melhores e mais lucrativas empresas gastam bem mais que os concorrentes com a Categoria 5 (P&D de clientes) e com a Categoria 4 (P&D de processos), e bem menos com a Categoria 1 (P&D básica pura). Geralmente gastam um pouco mais que os concorrentes com a Categoria 3. As empresas piores ou medíocres geralmente invertem essa ordem.

Entre outros meios de determinar se o seu departamento de P&D ou de engenharia se interessa pela lucratividade estão os seguintes:

- Quem é recompensado na organização de P&D (quem é promovido, quem é citado com destaque no boletim interno de P&D): o engenheiro que faz uma descoberta científica (mas não comercializável) ou aquele que aperfeiçoa um processo de fabricação para reduzir em um centavo o custo de 1kg do produto? Geralmente é o primeiro, mas deveria ser o último.
- Com que frequência a sua organização de P&D ou de engenharia transfere tecnologia (ou *conhecimentos*) de um setor da empresa para outro? Geralmente, a transferência de tecnologia não constitui prioridade para os cientistas. Se você instalar um sistema de intercâmbio de conhecimentos tecnológicos entre a empresa A e a empresa B, ou entre a sua fábrica do Alabama e a sua fábrica de Barcelona, provavelmente reduzirá sua necessidade de cientistas.
- Qual o enunciado da "missão da P&D" em sua empresa: promover o progresso tecnológico ou produzir lucros por meios específicos, visando às necessidades dos clientes e à redução de custos? Toda comunicação e toda a chefia da organização de P&D — a começar por você — deve se concentrar neste último e mais concreto objetivo. Os cientistas e engenheiros não costumam pender nessa direção, que é alheia à sua formação e ao treinamento. A não ser que você se interesse pessoalmente

em maximizar a lucratividade do investimento em P&D, sua empresa estará desperdiçando muito dinheiro.

Convém notar que, diferentemente de outras áreas, o setor de P&D lhe oferecerá pouca resistência. Em geral, os cientistas são pessoas muito inteligentes e bem-intencionadas. Sempre que entrei em contato com uma organização de P&D para explicar a missão da empresa e o papel da P&D nessa missão, eles compreenderam quase imediatamente minha mensagem e trabalharam de maneira construtiva para implantar as mudanças necessárias. Além disso, os cientistas são relativamente apolíticos: precisam apenas de uma boa liderança.

Etapa 32
Itens comuns de despesa

Existem milhares de itens "comuns" de despesa que, no conjunto, representam grande potencial de lucro (ou seja, de economia). Reduzindo os gastos com esses itens, você transmite à organização a seriedade e a filosofia do seu esforço de redução de custos. Recomendo as seguintes medidas, entre outras:

- *Passagens de primeira classe.* Proíba a compra de passagens de primeira classe para qualquer membro da empresa, inclusive para você. Durante dez anos viajei e gostei de viajar de primeira classe. Depois fiz com que todos, inclusive eu, usassem a classe executiva, e me habituei à mudança em poucos meses. Na classe executiva, se quiser, pode trabalhar da mesma forma produtiva e também comprar — gastando pouco — todos os drinques que quiser. Muitas vezes pode espalhar seus papéis e pertences em mais de um ou dois bancos vazios, especialmente se for cortês com o encarregado ou encarregada do *check-in* e não hesitar em pedir o que deseja. Hoje, quando viajo na classe executiva, me sinto à vontade: viajar assim é coerente com o meu estilo de administração. Não preciso de um assento mais largo nem de comida demais para me convencer de que sou importante: administrar uma empresa exemplar é um estímulo muito melhor.

- *Outras passagens.* Assegure-se de que as pessoas realmente precisam fazer as viagens que fazem. Muita gente gosta de espairecer fora da cidade de vez em quando.
- *Relatórios de despesas.* Alguém, preferivelmente você, precisa verificar as despesas de viagem. Ou "dê umas incertas" de vez em quando e chame isso de verificação. Quando detectar alguma despesa inadequada ou excessiva no relatório de despesas de algum funcionário, envie-lhe um recado: "Você foi apanhado. Desta vez passa, mas *nunca* mais faça isso." Não terá mais problemas com ele durante um ano ou dois, no mínimo.
- *Mobiliário.* Congele (isto é, *suspenda*) todos os gastos da empresa com mobiliário. Hoje em dia sempre se encontra uma sala desocupada da qual se pode retirar uma escrivaninha, mesa ou armário. Quando não há limite de gastos, os funcionários sempre compram móveis novos. Se sugerir que sejam criativos, eles sempre encontrarão móveis usados e em bom estado em algum local da empresa. Se alguém realmente tiver necessidade de comprar um móvel novo, o pedido de compra inevitavelmente chegará até você, quer haja congelamento, quer não. Ponha-o na geladeira e deixe que as exceções se justifiquem por si mesmas.
- *Materiais de escritório.* Já abordei este assunto antes. *Nunca* encontrei uma empresa que não pudesse passar perfeitamente com apenas 60% do que gasta em suprimentos de escritório. Simplesmente imponha um corte de 40%. Os funcionários logo se ajustarão. (Em certas empresas, é o *fornecedor* de materiais de escritório que faz o levantamento do estoque e redige o pedido. *Nunca* deixe que um fornecedor faça isso, por motivos óbvios. Ele se sente estimulado a redigir o maior pedido possível.)

- *Copiadoras e equipamento de escritório.* Sua empresa realmente precisa de todas as copiadoras e máquinas que tem? Os funcionários não podem andar mais um pouco para fazer suas cópias? (Melhor ainda: talvez a caminhada os leve a produzir menos cópias.) Cancele ou não renove alguns dos seus contratos de copiadoras.
- *Contratos de manutenção.* Cancele ou deixe de renovar todos os seus contratos de manutenção de copiadoras, computadores pessoais e equipamentos de escritório. Sabe como esses contratos são calculados? O fornecedor, usando métodos de cálculo de seguros, determina as peças e a mão de obra que podem ser necessárias durante o prazo do contrato e em seguida acrescenta um alto "prêmio" a pagar pelo que você adquire (ou seja, você paga um "prêmio" para eliminar o risco de precisar de mais ou de menos que a média). No entanto, o conserto de uma copiadora é uma coisa relativamente barata, e não precisa fazer um seguro para isso. Existem em sua empresa outros tipos de *riscos* e gastos muito maiores que não são cobertos por seguros. Adote a regra geral de só fazer seguro contra os *grandes* riscos, aqueles que são potencialmente desastrosos. Cuide você mesmo dos outros e ponha no banco os "prêmios" que economizar.
- *Assinaturas.* Este assunto já se tornou banal, mas merece ser abordado. Você realmente precisa de todos os jornais que assina? Um exemplar não pode servir a mais de um funcionário? A sua biblioteca realmente precisa de todas aquelas revistas, de todos aqueles serviços de recortes, de todos aqueles relatórios? Em média, cerca de 75% de todas as assinaturas podem ser canceladas sem qualquer prejuízo para as empresas.
- *Telefones.* Em primeiro lugar, se assegure de que usa a modalidade mais barata de telefonemas a longa distância. Em segundo lugar, reduza seu *equipamento* telefônico. Todos realmente precisam de telefones com tantos botões e recursos? A maio-

ria das pessoas não os usa. Emita uma circular proibindo o uso de interurbanos para fins pessoais. Em seguida, selecione ao acaso algumas contas de telefone para conferir e, quando encontrar alguma violação, escreva um memorando severo dizendo que a próxima violação será rigorosamente punida. Faça isso com 2% dos seus funcionários, e logo os outros 98% ficarão sabendo. Trabalhei em uma empresa cuja conta telefônica diminuiu em 50% no primeiro mês após o uso desses memorandos.

- *"Contratos" com fornecedores.* Só assine contratos absolutamente necessários, e recomende aos seus funcionários que façam o mesmo. As condições mudam, e os bons comerciantes (compradores e fornecedores) são flexíveis. Um contrato torna fixo um custo que pode se tornar desnecessário mais tarde. Além disso, torna mais difícil corrigir algum erro que tenha sido cometido. Se um dos meus funcionários comete um erro de custo (ou seja, gasta dinheiro em algo desnecessário), posso suspender essa despesa. Mas se ele assinou um contrato de dois anos, terei de arcar com as consequências desse erro durante muito tempo.

Etapa 33
Área de trabalho

Nos Estados Unidos, temos uma noção absurda sobre o espaço que cada um de nós deve ocupar no escritório. Funcionários que viajam durante três dias ou mais por semana têm a sua sala própria (sempre vazia). (Na verdade, poucos na empresa em que você trabalha precisam de todo o espaço que ocupam no escritório.) As salas são maiores do que precisam ser. O espaço ocupado pela recepção geralmente é excessivo e desnecessário.

As regras que você deve seguir quanto à área de trabalho são muito simples. Escolha uma localização no subúrbio, onde os aluguéis são mais módicos. Sempre que o espaço permitir, duplique, ou triplique, o número de pessoas que o ocupam. Elimine espaços centrais vazios. O tamanho do escritório deve ser funcional, não luxuoso. A produtividade aumentará, pois os funcionários se sentirão em um ambiente mais sério, onde há menos desperdício.

Finalmente, pense duas ou três vezes antes de investir na compra de um escritório próprio. Na maioria dos bairros, o mercado de imóveis é comandado por quem aluga. As necessidades da sua empresa mudam, e você não deseja ter de permanecer em um escritório inadequado ou grande demais. Possuir um escritório próprio pode deixá-lo orgulhoso, mas quase sempre lhe traz problemas financeiros. Afinal, quem não é corretor de imóveis não deve se arriscar a comprá-los ou vendê-los.

Etapa 34

Quer chamar a atenção? Não tenha sala própria

Houve tempo em que eu ocupava a maior sala em minha empresa: espaço amplo, carpete de boa qualidade, móveis caros. Há alguns anos, como parte do meu programa de redução de custos, desisti da minha sala. Na verdade, desisti de *todas* as salas. Sou o chefe, tanto no título quanto nas operações diárias, mas não tenho sala.

Minha secretária mantém todos os meus arquivos em sua mesa. Quando estou no escritório e não viajando a negócios, uso a sala de alguém que esteja viajando. Quando preciso convocar uma reunião, uso a sala de conferências de alguém. Funciona perfeitamente, melhor até que o antigo isolamento em uma sala grande demais.

Isso me dá enorme credibilidade quando recuso um pedido de despesa. Mostra que estou falando *sério* sobre reduzir custos, uma vez que estou disposto a provar do meu próprio remédio.

Se você está seriamente decidido a poupar dinheiro para a sua empresa, experimente isso. Nada pode deixar mais claro, para os funcionários, e para você mesmo, que o seu firme propósito é maximizar os lucros.

Etapa 35

"Assine" todos os cheques

Logo que introduzi programas de redução de custos em minha empresa, usei todas as técnicas anteriormente descritas. Da última vez, acrescentei um detalhe: passei a "assinar" pessoalmente todos os cheques.

Não quero dizer que eu, *literalmente*, assine todos os cheques. Quem faz isso é a encarregada de contas a pagar. Mas ela me traz *todas* as contas e *todos* os cheques para minha aprovação antes de poder assiná-los. Nos reunimos duas vezes por mês, durante meia hora, e *(com muita eficiência)* revemos todos os pagamentos nesses poucos minutos.

Esse pequeno detalhe tem feito uma grande diferença. No passado, quando eu examinava os relatórios de custos, mas não os próprios cheques e contas, muita coisa passava despercebida em termos de classificação desses custos. Quando se passa a examinar todas as contas, o número de gastos "ocultos" e desnecessários que elas contêm é surpreendente. Além disso, se adquire um senso muito mais agudo do dinheiro que sai, e, de repente, aquilo que você achava que *tinha* de comprar começa a parecer dispensável.

Se a sua empresa é grande demais para que você assine todos os cheques, "assine" metade, ou um quarto, ou 10%, ou 2% dos cheques emitidos a cada mês. Mas o faça. Encontrará muito potencial de economia e lucros de cuja existência você nem suspeitava.

Etapa 36
Despesas capitalizáveis

O maior desserviço que os contadores deste mundo fizeram à boa administração das empresas foi criar uma categoria de custos chamada "despesas capitalizáveis". Um gerente que gasta US$1 milhão com um item comum de despesa sente uma queda imediata de lucros. Um gerente que gasta US$1 *bilhão* em bens de capital nada sente, segundo os contadores, até que a depreciação comece a aparecer.

O capital — fábrica, imóveis e equipamento — custa dinheiro e deve ser administrado com a mesma vigilância (de fato, com *maior* vigilância, pois as quantias costumam ser muito maiores) que as despesas comuns.

Muitas empresas, porém, são completamente indulgentes quando se trata de controlar os gastos com bens de capital. Certa vez introduzi um sistema de avaliação de gastos com bens de capital para uma companhia que faturava US$8 bilhões. O presidente me disse depois: "Sabe, esta é a primeira vez que procuramos saber se precisamos *realmente* gastar esse dinheiro." Era uma confissão extraordinária, considerando os bilhões de dólares que a empresa investe em bens de capital.

Outro alto executivo da mesma empresa (um vice-presidente do grupo) se orgulha de ser um estrito controlador de custos, e é. *Exceto* quando se trata de gastos com bens de capital. Nessa área, ele pede (e recebe) US$400 milhões por ano, sem qualquer justificação sólida do provável retorno sobre esse capital. Mostra-se extremamente exigente quando os funcionários lhe pedem mais US$50 mil para pesquisa de mercado ou outro milhão de dólares para publicidade. Mas gasta *US$400 milhões* quase sem fazer exigências.

Todo bem de capital representa dinheiro. As quantias são altas. Se você inspecionar cuidadosamente seus gastos capitalizáveis, acrescentará milhões de dólares aos lucros da sua empresa.

Etapa 37
Contas a pagar

Um método fácil de favorecer o balanço da sua empresa este ano (embora só funcione uma vez) é atrasar seus pagamentos. A maioria dos fornecedores prefere esperar para receber a perdê-lo definitivamente como cliente.

Passe a pagar suas contas em 45 dias, depois sessenta dias, depois em três ou seis meses, no caso dos fornecedores mais tolerantes. Nunca pague uma conta até que o fornecedor pergunte por ela pelo menos duas vezes. Certos fornecedores chegam a levar até *dois anos* para reclamar o pagamento de uma conta.

Etapa 38

Esgote os seus estoques

Eis aqui outro meio de favorecer os resultados da sua empresa que pode ajudá-lo muito *este ano.* Antes de colocar um pedido para determinado item, certifique-se de que o seu estoque desse item chegou ao ponto mais baixo possível. Isso se aplica a tudo, desde materiais para a fábrica até suprimentos de escritório.

Os funcionários da sua empresa que fazem pedidos de materiais não pensam assim. Fazem isso "por uma questão de segurança". Pedem grandes quantidades para não ter de telefonar para o mesmo fornecedor durante algum tempo.

Se você atrasar trinta dias em seus pagamentos e quinze dias para refazer os estoques, terá reduzido seus custos de bens e serviços *este ano* em 12%: (30 + 15) ÷ 365 = 12%. Se a sua contabilidade não computa os custos e lucros dessa forma, esqueça: o seu sistema de contabilidade está errado. Na prática, você "não comprará nada" durante 45 dias, e isso representa 45 dias de custos economizados *permanentemente.* Essa economia deve ir diretamente para os seus lucros.

Etapa 39

Se você nunca demite ninguém, nunca terá uma empresa exemplar

É hora de voltarmos nossa atenção para o corpo de funcionários, setor no qual entram em jogo as reações humanas e no qual a redução de custos é potencialmente mais dolorosa.

No começo deste livro mencionei a necessidade de uma "meritocracia" (de recompensar os funcionários com base no desempenho), a fim de produzir uma organização exemplar e resultados excelentes. Em qualquer empresa que possua mais que um pequeno grupo de funcionários, existem, inevitavelmente, alguns que se situam abaixo do padrão, *especialmente* se os seus padrões são altos como deveriam ser. É impossível convencê-los de que você acredita em uma meritocracia se aqueles cujo desempenho é baixo conseguem se manter no emprego e receber o salário.

Se você seleciona bem, dá bom treinamento e sabe como motivar seus funcionários, raramente terá de demitir alguém. Os padrões que adoto em minha empresa são tão altos, ou ainda mais altos, que os de qualquer outra, e no entanto, em quinze anos, só precisei demitir 3% do quadro de pessoal. *Nunca* demitir ninguém, porém, é um erro — induz a um comportamento não funcional em sua empresa.

Até hoje demiti muito poucos, mas cada demissão foi justificada e teve profundo efeito "colateral" sobre o resto da organização. A cada vez pude sentir que todos os outros redobraram seus esforços. Os membros do escalão mais baixo agem assim por medo de perder o emprego. Os do escalão superior — mais seguros no emprego — se sentem encorajados quando veem que o mau desempenho não fica impune. A demissão de um funcionário ruim estimula os outros a produzir mais em benefício da empresa, uma empresa que *é* realmente uma meritocracia.

Alguns anos atrás havia dois gerentes de alto nível em um dos meus setores. Um deles, que chamarei de Joe, tinha um talento inato, trabalhava bem, mas não se sentia estimulado a desenvolver todo o seu potencial. Tentei tudo o que era possível, sem resultado. O outro, John, não produzia. Fazia muita "onda", parecia sempre muito ocupado, mas em nada contribuía para os lucros da empresa.

Demiti John. (Para manter a consciência em paz, dei a ele uma generosa indenização.) Uma semana depois Joe veio falar comigo. "Vou ser despedido também?", perguntou. Sentei-me e compus uma lista de cinco coisas que ele precisava fazer para não ser demitido. Seguindo a lista ao pé da letra, ele passou a ter excelente desempenho e é hoje um valioso membro da organização — para o seu próprio bem e para o nosso.

Joe *sempre* possuíra aquele talento. Mas enquanto acreditou poder trabalhar menos e ser tratado como todos os outros, trabalhou menos. Quando demonstrei que a nossa empresa era realmente uma meritocracia na qual o bom desempenho era recompensado e o mau desempenho levava à demissão, seu bloqueio mental desapareceu e seu verdadeiro talento veio à tona.

Se você *nunca* despede um funcionário, não pode transformar a sua empresa em empresa exemplar — e *certamente* não terá o máximo de lucros.

Etapa 40

Mantenha escassos os recursos humanos

Existem dois tipos de coisas que os funcionários podem fazer com o tempo de que dispõem. Geralmente, a primeira é preencher o horário com tarefas úteis e produtivas, que realmente contribuem para a lucratividade da empresa. Se não encontrar um número suficiente dessas tarefas para ocupar o dia, ele encontra uma porção de outras coisas que o façam parecer ocupado até o fim do expediente.

No lado da gerência, ocorre algo semelhante. Tendo um grupo de funcionários para administrar, o primeiro cuidado do gerente é se assegurar de que as coisas realmente importantes serão feitas com eficiência. Mas esperem — ainda sobra gente no meu departamento! Ou deixo que executem tarefas sem importância ou as tarefas importantes serão feitas de modo *ineficiente*, ocupando mais gente do que o necessário.

Resolvo o problema da seguinte maneira: quando o chefe de algum setor da minha empresa (ou da empresa de um cliente) pede que eu aprove a admissão de mais um funcionário, minha resposta é não. Se pede novamente, a resposta é não. Se pede uma terceira vez, torno a dizer não. Quando ele está praticamente pondo a boca no mundo, alegando que sem mais um funcionário o setor não pode funcionar direito, trato de investigar o assunto e muitas vezes (mas nem sempre) deixo que admita mais um.

Com isso, a *ineficiência* e o *trabalho desnecessário* vão sendo eliminados da empresa. Um funcionário realmente ocupado é forçado a estabelecer prioridades e fazer apenas o que é realmente importante. Melhor ainda: o gerente de um setor no qual os recursos humanos são escassos é forçado a estabelecer prioridades e garantir que as coisas sejam feitas com eficiência. Em outras palavras, o gerente é forçado a gerenciar bem.

Quando se trata de pessoal, o excesso, a falta de controle ou de controle severo levam inevitavelmente a uma administração indolente e ineficaz. Parkinson, que dizia que "o trabalho tende a crescer de modo a ocupar todo o tempo disponível", enunciou também uma segunda lei: "O trabalho tende a crescer de modo a ocupar todo o *pessoal* disponível."

Qual foi a última vez que alguém veio lhe dizer *espontaneamente* que tinha mais funcionários do que necessitava em seu departamento? A *única* forma de promover a eficiência e eliminar trabalho e esforço desnecessários é manter escassos os recursos humanos.

Etapa 41
Salários

Em uma empresa realmente bem-administrada, os salários devem ser estabelecidos de forma equilibrada — *generosamente* equilibrada. Você perderia credibilidade se, depois de dizer que a sua empresa é exemplar, depois de pedir que todos cuidem da lucratividade e eliminem desperdícios e cargos desnecessários, acrescentasse: "Ah, e tem mais: vocês também não serão muito bem pagos." A gerência deve pagar salários generosos, para que todos sintam que participam dos benefícios de criar uma empresa altamente lucrativa.

Contudo, há também necessidade de equilíbrio. Se a generosidade se tornar automática e generalizada, se os salários não forem vinculados ao desempenho, toda a cultura vem abaixo, juntamente com todo o sistema e com a lucratividade.

Em uma empresa exemplar, os salários devem ser estabelecidos de acordo com três regras:

1. Para *os grupos ou níveis de funcionários que exercem impacto direto sobre a lucratividade da empresa*, os salários devem ser, em média, *mais generosos* que aqueles pagos por outras empresas em

cargos semelhantes. Esses são os funcionários cuja presença e entusiasmo você deve preservar a todo custo.

2. Para *outros grupos de funcionários*, você deve ser *mais generoso que a maioria das empresas*, mas sem exageros.

3. *Dentro* de qualquer outro nível ou grupo de funcionários, deve haver *diferenças salariais marcantes*, vinculadas a diferenças demonstráveis de desempenho e de contribuição para a lucratividade.

Por sinal, ser muito generoso — com qualquer grupo de funcionários — não significa ser inconstante ou "mão aberta" em questão de salários. Estabeleça um nível salarial elevado e dê aquilo que cada um merece. Se algum funcionário realmente importante vier pedir mais, não ceda facilmente; ceda somente se estiver convencido de que o aumento é justificado. Ser importante é uma coisa; ser *insubstituível* é outra. Como disse certa vez um observador muito sensato: os cemitérios estão cheios de pessoas insubstituíveis.

A esta altura, muitos dos elementos da cultura da sua empresa já se tornaram claros. Acreditamos em lucros e eficiência, não em desperdício. Acreditamos em trabalhar com afinco, não em horas extras. Acreditamos em meritocracia — você será recompensado se merecer, mas não sem merecer. E verá que eliminamos tudo o que for desnecessário (você se acostumará a viajar na classe executiva e a usar móveis de um ex-funcionário), mas será *muito* bem pago.

As pessoas que estiverem acima da média *adorarão* trabalhar em uma empresa assim, e são *exatamente* essas pessoas que você deseja atrair e manter.

Etapa 42

Benefícios

Em primeiro lugar, muitos funcionários não veem vantagem em certos benefícios oferecidos pela empresa e preferem receber em dinheiro. Pague bons salários e só ofereça poucos benefícios aos quais o seu pessoal realmente dá valor.

Uma vez oferecidos, os benefícios não precisam permanecer inflexíveis, dispensando qualquer tipo de reajuste. Um executivo que conheço se protege da seguinte maneira contra o efeito da inflação sobre o custo do seguro de saúde da empresa. O plano de assistência médica e hospitalar é integralmente pago pela empresa. Ele anuncia aos funcionários que todo ano aumentará sua contribuição para o custo do plano em um montante igual ao aumento registrado anualmente no Índice de Preços ao Consumidor (ou índice geral de inflação). Se a inflação geral for 4%, ele pagará mais 4% pela cobertura de saúde oferecida aos funcionários.

Nos últimos anos, porém, a companhia seguradora do plano vem aumentando seu preço a uma taxa de 15%. Em vez de pagar o aumento de 15% a cada ano, ele só concorda em pagar 4% a mais e pede à seguradora que reduza a cobertura (por exemplo, aumentando o montante dedutível), de modo que o custo total não ultrapasse 4%. Essa é, portanto, a cobertura de saúde oferecida aos funcionários a cada novo ano.

Alguns funcionários lhe perguntam como pode fazer isso, como pode diminuir a cobertura que lhes oferece? Ele responde que *aumentou,* ao invés de diminuir, o que paga pela cobertura. Os funcionários argumentam que, embora esteja pagando mais, a cobertura diminuiu. E ele responde: "Escreva uma carta ao Congresso, reclamando." Seu argumento é que ele não criou o problema nacional da inflação dos custos de saúde e que esse problema não é seu (pelo menos, legalmente, não o era até o momento em que este livro foi publicado).

Não estou dizendo que esse seja o método correto para a sua empresa. Talvez seja, talvez não. A lição importante é que os benefícios não são direitos divinos nem são fixados com olho na eternidade. São apenas mais um custo a ser sempre avaliado e reavaliado por qualquer gerente inteligente.

Etapa 43

Nunca ofereça bonificações "periódicas"

Não existe despesa menos eficaz em uma empresa que o "abono de Natal". Nas firmas que conheço e que o adotam, o abono se torna *automático* (todos o recebem), *independentemente de mérito* (ninguém quer julgar severamente os funcionários no Natal, pois todos querem levar presentes para a família), e é totalmente *esperado*, portanto, *minimizado* pelos funcionários. Qualquer bonificação, qualquer recompensa que se torna "automática" deixa de ter valor como motivação e passa a ser um instrumento da má administração, não da boa administração.

Tampouco acredito em abonos trimestrais ou anuais, mesmo quando vinculados ao desempenho. Quando as bonificações são programadas de acordo com o calendário, os gerentes perdem o critério e a coragem com que deveriam concedê-las com a devida diferenciação e com base no mérito.

Acredito *muito* em abonos. Acredito no valor dos prêmios e das punições. Mas as bonificações são mais eficazes quando concedidas *caso a caso* e a intervalos *irregulares*. Conceda um abono sempre que for merecido e nunca quando não merecido. O abono parecerá "irregular" no calendário, mas muito *regular* no sentido de motivação — será recebido quando o desempenho ou o comportamento o justificar. Seus funcionários compreenderão a evidente relação entre desempenho e recompensa.

Certos gerentes evitam esse método, que requer constante discernimento. Quem merece um abono? Quem não o merece? Quanto devo dar? É muito mais fácil dar um abono de Natal automático.

Qualquer gerente que não goste de exercer sua capacidade de julgamento está na profissão errada. Eu prefiro exercer critérios qualitativos quanto a quem merece o quê, com base no *desempenho*, e acertar (isto é, ser justo) em 90% dos casos, a ter um sistema "automático", independentemente de critério e não sujeito a questionamento. É melhor estar mais ou menos certo do que 100% errado.

Etapa 44

Um título não custa nada

Recebi o seguinte conselho de um dos meus mestres: "Se você não quer dar determinado aumento a alguém, dê um título ornamental. Geralmente causa o mesmo efeito e sai mais barato."

Títulos não custam nada. Distribua-os generosamente.

Etapa 45

Resumo: como motivar os funcionários

Resumindo, é assim que você pode motivar seus funcionários:

- Transformando sua empresa na melhor e mais lucrativa do ramo.
- Comunicando claramente qual o desempenho e o comportamento desejados.
- Recompensando-os de acordo com o que foi comunicado.
- Fazendo com que as recompensas variem muito de um indivíduo para outro, com base em diferenças de desempenho.
- Pagando-lhes muito bem, sempre que merecerem.
- Finalmente (e ainda não falei o bastante sobre este assunto), fazendo o possível para treiná-los, não só de maneira explícita como expondo-os por meio do exemplo ao tipo de administração e lições de vida que você tem a oferecer.

A mensagem é: "Ficando comigo, você aprenderá muita coisa e será bem recompensado. Em troca disso, peço que tente ser o melhor e ajude a empresa a atingir seus objetivos."

Esse tipo de palavras e frases é bastante comum. Mas os gerentes e empresas que realmente agem assim são muito raros

— e são inevitavelmente os mais bem-sucedidos e os que geram maiores lucros.

Etapa 46

Redução de pessoal: preventiva ou de emergência

Para que uma empresa rentável se mantenha assim, basta uma demissão ou outra. Para que uma empresa não rentável — ou quase não rentável — se torne muito rentável, pode ser necessário mais do que isso. Muitos gerentes, mesmo competentes, relutam em promover demissões em massa; outros, não. Você terá de decidir o que está disposto a fazer, mas deixo aqui uma observação.

Quase toda organização burocrática pode se desfazer de um quarto do pessoal sem queda notável de produtividade. Muitas empresas poderiam eliminar de 33% a 50% do pessoal. Há dois motivos para isso. Em primeiro lugar, grande parte do trabalho executado é desnecessária, ao passo que o trabalho necessário é feito com ineficiência. Em segundo lugar, em quase toda organização os 25% de funcionários que têm o pior desempenho simplesmente não são muito competentes e sua contribuição é de pouco peso. (Isso também se aplica, pelo menos na mesma medida, ao setor público. Moro próximo a Washington D.C., e posso afirmar que uma visita a qualquer órgão ou departamento do governo deixaria *qualquer* um com o estômago embrulhado ao ver o que aquelas pessoas fazem com o dinheiro do contribuinte. Mas isto é assunto para outro livro.)

Estou plenamente convencido de que é possível eliminar um terço dos funcionários burocráticos de qualquer uma das maiores empresas da lista da *Fortune*, gerando com isso enorme economia e sem que haja qualquer perda de valor, seja para o cliente, seja para o balanço da companhia. Sei, porém, que muitos dos meus leitores veriam exagero nessa afirmação. Se concorda comigo, me telefone. Se achar isso radical demais, esqueça e continue a ler o livro.

Etapa 47

Elimine todos os "administradores" e "gerentes" dispensáveis

Existem dois tipos de funcionários em qualquer organização: de um lado, os que executam tarefas produtivas; do outro, os encarregados de gerenciar ou administrar. O papel do empresário que visa a maximizar os lucros é eliminar mais que o possível essa segunda categoria.

Recentemente, um amigo meu disse que pensou em me pedir emprego, mas desistira. Depois de conhecer minha empresa, ele chegou à conclusão de que eu tinha pessoal de vendas, "supervisores" de clientes e "trabalhadores", mas nenhum gerente verdadeiro, desses que apenas gerenciam a empresa. E ele queria ser gerente.

Foi o maior elogio que alguém poderia ter feito à minha empresa.

As melhores e mais rentáveis organizações sempre adotam responsabilidades gerenciais mais amplas e "faixas de controle" mais gerais (maior número de setores subordinados a um mesmo gerente). Compreendem instintivamente que otimizar a eficiência significa reduzir ao mínimo o custo de gerentes que não contribuem diretamente para a satisfação dos clientes ou para a lucratividade da empresa. Para cada linha de produtos, as melhores firmas empregam um, dois ou três gerentes excelentes, instintivamente voltados para a lucratividade, cujas responsabilidades empresariais são muito gerais e vagamente definidas, e *muito* pouca hierarquia ou burocracia. É claro que prefiro um gerente competente, voltado para a lucratividade, a dez administradores burocratas.

Um cliente meu me ensinou uma regra muito útil para qualquer empresa que deseje reduzir o número de gerentes. Todo gerente deve ser o encarregado direto de um dos setores a ele subordinados. Se é vice-presidente da Divisão Europeia, deve ter também a responsabilidade direta pelas vendas em um dos países da Europa — ser, por exemplo, gerente nacional para a França. Se é um executivo-chefe comandando vários vice-presidentes funcionais (vendas, produção, engenharia etc.), deve ser também o encarregado direto de uma dessas funções.

Em outras palavras, em vez de "contratar" ou promover alguém para o cargo de vice-presidente da Divisão Europeia, simplesmente faça com que o seu melhor gerente nacional acumule o cargo de vice-presidente da divisão. A finalidade é eliminar o máximo possível os "gerentes profissionais". Bastam uns poucos gerentes competentes. Todos os outros devem executar alguma função *além* de gerenciar. Isso não só reduz custos, como também transmite certo dinamismo pragmático à organização, uma vez que os funcionários passam a ser chefiados por gerentes que "sabem do que estão falando", gerentes que estão em contato com o mercado, e não por gerentes que conhecem apenas os meros "processos administrativos" da empresa.

Etapa 48

Seja mais rigoroso com as funções internas

Com a exceção do dinheiro que se perde através de preços mal negociados com os fornecedores (como mencionei anteriormente), não existe causa maior de perda de lucros nas 500 empresas listadas na *Fortune* que a multiplicidade de funções administrativas internas. Na esmagadora maioria dessas empresas, existem muito mais funcionários que o necessário tratando de problemas jurídicos, recursos humanos, contabilidade, finanças, informações gerenciais (MIS) e, como já vimos, nos setores técnicos como P&D e engenharia.

Não há nos Estados Unidos (ou no mundo) uma única companhia de grande porte que não possa sobreviver (e ganhar muito mais) a um corte dramático no tamanho desses departamentos. Se você está *realmente* empenhado em dobrar os lucros da sua empresa, comece reduzindo esses departamentos. Se quiser ser cauteloso, corte somente 5% de cada vez. O departamento afetado não levará mais de dois meses, no máximo, para reajustar suas prioridades de trabalho, continuando a executar as tarefas importantes, mas sem parte da mão de obra desnecessária. Você pode contribuir para esse processo, deixando bem claro quais as funções consideradas valiosas e quais as dispensáveis.

Esse excesso de investimento em pessoal existe igualmente (guardadas as proporções) em muitas empresas pequenas. Naquelas que tem 10% de lucro, mas gastam 12% com vários tipos de cargos administrativos, um corte de 25% nessa área (3% dos custos totais) representa um aumento de lucro de 30%. Alguns empresários se concentram de tal modo (e erroneamente) nos clientes que deixam de ver a enorme oportunidade de lucros que existe dentro da própria empresa.

Etapa 49

Feche a torneira dos "serviços externos"

Quando há um corte de pessoal na maioria das grandes empresas, ocorre um súbito e considerável aumento do uso de consultores, mão de obra temporária e "serviços externos". Muitas vezes se trata das mesmas funções que você acabou de eliminar e que agora tem de readmitir a um preço três vezes maior do que pagava aos ex-funcionários.

Qualquer boa organização deve manter *severo* controle sobre a contratação de pessoal de fora. Há ocasiões em que a contratação é justificada, mas, em minha experiência, pelo menos metade desses serviços externos é desnecessária e representa desperdício de dinheiro.

O que você deve comunicar a todos os setores da sua organização é que, quando diz que eles terão dezesseis funcionários, quer dizer exatamente isso, e não dezesseis funcionários além de dois temporários, três consultores e dois fornecedores de serviços externos. Se for preciso manter alguém de fora, isso só deve acontecer em circunstâncias raras e bem-justificadas, e somente quando aprovado pessoalmente por *você*.

Um meio de verificar se a contratação de um consultor é justificada é perguntar: o que ele faz contribui realmente para os resultados da empresa ou não passa de um confidente e aliado político de alguém do ramo, servindo aos interesses dessa pessoa e não aos interesses da sua empresa? Muitas vezes esta segunda hipótese é verdadeira; você só deve permitir a contratação de consultores na primeira hipótese.

Etapa 50

Mude os hábitos do dia a dia da sua organização

Existem vários outros meios "qualitativos" de mudar os hábitos diários da sua organização, como veremos nesta e nas "etapas" subsequentes. Todos são meios de reduzir custos, além de contribuírem para criar uma cultura ativa e dinâmica, voltada para a lucratividade, uma cultura que vê com maus olhos a burocracia e o protocolo.

Um deles é evitar a digitação. Exato, foi o que eu disse: evitar a digitação. Sempre que possível, os memos e as anotações devem ser escritos a mão. Quem diz que um gerente que trabalha no terceiro andar só pode se comunicar com outro no quinto andar se a sua secretária digitar o que ele pensa? O ato de escrever a mão resulta em memos *mais curtos* e diretos (o que é uma vantagem) e economia de secretárias (bem como de equipamento e suprimentos de escritório). Há anos, proibimos em nossa empresa a digitação de praticamente todos os memorandos. Na época houve quem dissesse que isso não levaria a economia alguma, pois "as secretárias continuariam onde estavam e poderiam perfeitamente usar o computador". Tempos depois, temos somente metade das secretárias que tínhamos. Fomos gradualmente cortando e consolidando o grupo de secretárias à medida que as tarefas desnecessárias eram eliminadas.

Eliminar trabalho de digitação traz um benefício adicional. Você transmite aos funcionários que a sua administração é séria quando manda cortar custos e que não tem tempo a perder com formalidades: "Tenho pressa, preciso atender meus clientes e ganhar dinheiro, não posso esperar que você bata isso a máquina." O que é uma mensagem muito positiva e contagiosa.

Etapa 51
Elimine a papelada

Setenta e cinco por cento dos relatórios internos, contabilização de custos, estatísticas e cópias de cartas ("ccs") que são distribuídos em qualquer empresa são desnecessários; representam perda de tempo e de dinheiro. Nenhuma organização que conheço é exceção a esta regra.

Pense na quantidade de cifras produzidas pela contabilidade de custos. (Isso se puder, porque nem você nem outro executivo chegam a ver a maioria delas. O que me leva a perguntar: se quem toma as decisões não as recebe, para quem elas são produzidas?) Quantas dessas estatísticas irão influir em alguma decisão que você tenha de tomar esta semana, este mês ou este ano? Poucas, muito poucas. É claro que você precisa de certos dados para atender às exigências da Receita Federal e, se as ações da sua empresa são negociadas na bolsa, as exigências da Comissão de Valores Mobiliários. Mas posso garantir que os seus contadores produzem mais cifras do que a Receita Federal ou a CVM precisam. Elimine o excesso e poupe o dinheiro.

Parte do problema é um desejo inútil de ser exato. No mundo dos negócios, a *vasta* maioria das decisões é tomada, como deve ser, com base em instinto, discernimento e números aproximados. Rara é a decisão que precisa de pilhas e mais pilhas de páginas detalhadas e exatas que a contabilidade de custos produz. Acredito naquilo que chamo de nível de exatidão "viável". Se não tem certeza se o número certo é dez ou doze, pergunte-se: "Eu agiria de modo diferente se soubesse que é dez ou doze?" Se a resposta for não, chame-o de onze e passe à decisão seguinte.

Reorganize as prioridades da produção de números em sua empresa (e reduza essa atividade) de modo a concentrá-la no que *é realmente* necessário aos que *realmente* tomam as decisões.

A proliferação de dados "qualitativos" é, pelo menos, um problema igualmente sério na maioria das empresas. Nota-se, hoje, no mundo empresarial dos Estados Unidos uma explosão de relatórios redigidos em termos de estratégia, de missão-objetivo-metas, de processo-de-realinhamento-de-recursos-humanos — relatórios que, por sinal, raramente *dizem* alguma coisa. O que aprendi primeiro quando passei a lidar com esse mundo empresarial é que as pessoas nunca, nunca dizem o que querem dizer e nunca querem dizer o que dizem. Tudo tem de ser obscuro, posicionado e politizado. Experimente ser direto, franco e honesto com a organização em que você trabalha e faça com que ela aprenda a fazer o mesmo com você. Se alguém tem de emitir um relatório ou enviar um memorando, faça-o se concentrar no *conteúdo* do que quer dizer, e não na "estrutura" verbal (ou na verbosidade) que aprendeu com o último consultor que utilizou. Todo relatório deve ser direto e franco, rico em *conteúdo* e isento de *processos*.

Finalmente, não envie cópias automaticamente a todo mundo que você conhece. Eu fazia isso. Sempre que encontrava um artigo interessante, um dado a respeito de algum concorrente, redigia um memorando e enviava uma cópia a todos os que *podiam* estar interessados.

Os outros faziam o mesmo comigo, de modo que eu recebia cinco, dez, vinte cópias por dia. Por mais rápido que seja o seu movimento de atirar um documento ao lixo, o processo de examinar todas essas cópias consome o seu tempo e interfere na sua concentração.

Hoje em dia penso cuidadosamente antes de enviar uma cópia a alguém: será este um dos raros assuntos nos quais desejo que o destinatário se concentre ou o fato de lhe enviar algo em cópia terá efeito negativo sobre a minha mensagem ou instrução principal? Hoje o que envio em cópia causa maior impacto, pois as pessoas sabem que devo ter um motivo sério para enviá-los.

Elimine a papelada desnecessária em sua organização. Faça com que os funcionários usem o tempo de que dispõem para aumentar a lucratividade da empresa, não para informar uns aos outros ou ocupar o tempo alheio.

Etapa 52

Torne mais dinâmicas as reuniões

No tocante a reuniões, minhas regras são:

- Tome suas decisões com o menor número possível de pessoas na sala. Jamais convide alguém por simples gentileza ou em atenção ao "título" do convidado.
- Mantenha breves as suas reuniões. Muitas vezes cinco minutos bastam para tomar uma decisão. Trinta minutos quase sempre bastam. Uma reunião de três horas não deve ser necessária mais de uma vez a cada dois ou três meses. Um bom gerente deve ser capaz de iniciar e encerrar trinta "reuniões" — se preferir chamá-las assim — por dia.
- *Jamais* convoque uma reunião para discutir; *sempre* as convoque para tomar alguma decisão.

Em suma, pare de pensar em reuniões como fins em si mesmas. ("O que você fez hoje no escritório, querido?" "Puxa, estive em uma reunião de mais de uma hora e depois fui para outra.") Tome decisões, convide clientes, reduza custos e tome medidas o dia inteiro. Se precisar ter mais alguém na sala, convide-o. Quando o fizer, vá direto ao assunto, elimine discussões improdutivas e passe à sua "reunião" seguinte.

Etapa 53

Evite reuniões fora da empresa

Reuniões externas raramente são necessárias. Custam dinheiro, afastam funcionários valiosos de atividades mais produtivas e, o que é pior, transmitem certa falta de seriedade e de urgência sobre os objetivos e propósitos da empresa.

Essas reuniões raramente trazem tanto benefício ao moral da empresa quanto se alega — muitas pessoas preferem estar em casa com a família a viajar de um lugar para outro. O moral é importante, mas existem maneiras mais eficazes e diretas de fortalecê-lo do que a perturbação e o desperdício de uma reunião externa.

Etapa 54

Último passo da redução de custos: fazer tudo de novo

A parte mais difícil do seu trabalho de redução de custos será a resistência à mudança por parte dos funcionários. Tudo o que sugerir será visto com receio; tudo lhes parecerá impossível. Terão medo até de mudanças óbvias e *triviais*. Todos estão habituados a trabalhar da maneira que sempre trabalharam.

Mas você persistirá — ou assim espero —, nem que seja cautelosamente. Tomará muitas das medidas que descrevi anteriormente, embora talvez em *pequenas* doses. Quanto a outras, hesitará.

E então observará um fato interessante. Após alguns meses, as pessoas terão ajustado suas expectativas, estarão habituadas às mudanças. Compreenderão que, nas novas condições, é perfeitamente possível trabalhar (e bem *mais fácil* ganhar dinheiro).

É nesse momento que você deve recomeçar, repetir mais uma vez toda a sua lista de mudanças e instituir uma nova série de reduções de custos. As expectativas mais uma vez se ajustarão, e você poderá repetir todo o programa uma terceira ou quarta vez, com o mesmo bom resultado.

Ainda que você tenha inicialmente instituído reduções *dramáticas*, como fiz em minha empresa, seu trabalho deve passar por uma segunda, terceira ou quarta repetição. A cada vez você verá que o que antes parecia drástico agora parece rotineiro, que o nível de ansiedade baixou e que há outras oportunidades, ainda maiores, de aumentar os lucros. A confiança em sua própria capacidade de reduzir custos também aumenta, e você passa a experimentar outros meios, cada vez mais corajosos. Com o tempo, o intervalo entre uma repetição e outra pode se tornar cada vez maior, mas o trabalho de um bom gerente de custos nunca termina.

A esta altura deve ser óbvio que o que afirmei no início deste livro é verdadeiro. Para reduzir custos e maximizar os lucros, você não precisa de alta tecnologia e sim de resolução e determinação. Se *realmente* quiser dobrar os lucros da sua empresa, se for *persistente* nisso, a coisa é fácil. Mas se não estiver realmente disposto a fazer o que deve ser feito, seja pessoalmente ou contratando alguém de fora, então é impossível.

Parte IV

Criar a cultura
Reduzir os custos
Aumentar as vendas

Etapa 55

Não existem "companhias" — só existem pessoas

Comecemos com alguns princípios "filosóficos" que, no conjunto, constituem a mentalidade necessária para você maximizar as vendas da sua empresa.

A primeira lei do bom vendedor — caso você venda para companhias comerciais, indústrias, distribuidores ou varejistas, e não diretamente aos consumidores — é que não existem "companhias", só existem pessoas. Você não vende seu produto a alguma organização abstrata que toma decisões perfeitamente racionais baseadas em dados quantitativos. Você vende para seres emocionais e um tanto irracionais (chamados "pessoas"), que tomam suas decisões aplicando, em grande parte, as mesmas questões de amor-próprio, personalidade e irracionalidade que aplicam à noite, em casa, quando se tornam "consumidores".

Nenhum outro conselho me foi tão útil quanto este em minha atividade de vendas. Aplico-o em vários níveis diferentes, alguns superficiais, outros cruciais.

Quando entro na sala de um cliente em potencial, a primeira coisa que faço é dar uma olhada nas fotos que houver, geralmente são do cônjuge e dos filhos, e indagar como eles estão. Quase sempre a foto sugere alguma coisa — uma blusa de escola, uma raquete de tênis — que revela os interesses da pessoa e serve como bom começo de conversa. Descobri que, desde que o meu filho nasceu, melhorei como vendedor, pois compreendi melhor as alegrias e ansiedades que muitos dos meus clientes sentem como pais e posso estabelecer uma relação melhor com eles nessa conversa inicial.

Outras coisas na sala podem levar o vendedor a demonstrar sua empatia com o cliente: a lembrança de algum evento ou time esportivo, um diploma ou homenagem da empresa, um objeto artístico fora do comum. As lembranças que o cliente mantém na sala onde trabalha são, por definição, coisas ou símbolos aos quais dá muito valor. Será preciso muito pouco esforço para fazê-lo falar sobre elas. A mais leve pergunta que fizer desencadeará uma longa história a respeito da filha, do jogo de golfe, ou seja lá o que for que ele preze tanto. Basta a você, como vendedor, escutar com atenção, assentir com a cabeça e demonstrar compreensão.

E não se esqueça de ser lisonjeiro sobre o objeto ou a pessoa a que ele se refere (com isso, agradará ao cliente também). Há quem condene a lisonja, mas uma coisa é certa: funciona.

Acima de tudo, após essa conversa inicial, não se esqueça de que você está vendendo seu produto a uma pessoa, não a uma companhia. Sempre faça o cliente dizer qual o verdadeiro motivo pelo qual quer comprar o produto ou serviço que você está oferecendo — não o motivo "racional" ou "formal", que raramente é o verdadeiro.

Vejamos um exemplo. Um cliente em potencial, presidente de uma divisão que rende meio bilhão de dólares em uma empresa multibilionária, diz que quer que eu (ou um dos meus concorrentes) examine meios de tornar mais eficaz a sua equipe de vendas. Já fiz isso dezenas de vezes para outros clientes e poderia terminar a conversa aí mesmo, dizendo que iria lhe enviar uma proposta detalhada, integral e *inanimada* sobre como tornar mais eficaz uma equipe de vendas — proposta essa mais ou menos igual à que todos os meus concorrentes (menos bem-sucedidos) lhe farão. Minha chance, portanto, seria apenas uma em quatro ou uma em cinco.

Em vez disso, continuo a perguntar:

— Por que acha que precisa melhorar sua equipe de vendas?

— Nossa participação no mercado vem caindo. Meus vendedores perdem meia dúzia de boas oportunidades.

— Por que perdem essas oportunidades?

— Eu sei o que eles devem fazer para aumentar as vendas. Acontece que não nos organizamos tanto quanto deveríamos para atingir esse objetivo.

— Por que não? Qual o problema?

— Bem, não nos unimos em torno desse fim como uma organização. Sei o que deve ser feito. Acontece que não atuamos como uma equipe nessa questão.

Sinto que estou chegando ao âmago da questão. Sugiro:

— Quem é o obstáculo? Joe?

Joe é o vice-presidente de vendas, subordinado ao cliente.

— *Exatamente*. Joe é o exemplo de homem antiquado. O mundo mudou e ele não percebeu. Além disso, já tem sessenta anos, vai se aposentar dentro de três, está rico, não dá bola para o que digo. Nada que eu faça é capaz de influenciá-lo.

— Por que não o substitui?

— Não posso. Ele tem toda a simpatia de George, meu chefe (George é o presidente da empresa). Joe é todo delicadeza e boas maneiras quando se encontra com George, e George não se dá ao trabalho de examinar o verdadeiro problema que existe. A delicadeza funciona, e as minhas ideias não encontram eco em George.

Agora o *verdadeiro* problema está definido. Não é que o meu cliente em potencial não saiba o que deve fazer com a equipe de vendas. Sabe ou, pelo menos, tem uma noção razoavelmente boa. O que ele precisa é de um meio de influenciar, motivar e chefiar Joe, e de mostrar de modo mais adequado suas ideias e necessidades a George. Para tanto, nossa empresa ainda pode fazer um "estudo" da equipe de vendas, mas agora posso redigir uma proposta e fazer um estudo capaz de atingir os *verdadeiros* objetivos, não aqueles que ele mencionou inicialmente.

Pense em como o cliente se sentiu quando saí — entusiasmado e aliviado.

"Finalmente encontrei alguém que realmente *me compreende*, que realmente compreende como são as coisas no *mundo real*, não apenas alguém que está querendo me vender alguma coisa." O resultado é que realmente lhe fiz uma venda e ele sabe disso — não o *enganei*. Eu lhe vendi algo porque ele percebeu que posso atender às suas necessidades mais diretamente e melhor que qualquer outro vendedor.

Você não deve sair da sala nem parar de perguntar antes de ter uma boa ideia das verdadeiras prioridades *pessoais* do cliente.

A agenda dessas *verdadeiras* prioridades pessoais varia muito de tamanho e de cor. Às vezes, o que o indivíduo tem em mente é uma promoção. Outras vezes, o que lhe interessa é não ser demitido. Ou deseja ampliar o seu campo de ação, e tenta justificar uma aquisição ou um investimento em uma nova linha de produtos. Muitas vezes tenta simplesmente educar seus companheiros de trabalho, bem como educar a si próprio, de modo que as pequenas disputas internas possam ser substituídas por trabalho em equipe e ele possa ir para casa e dormir tranquilo. Seja qual for a agenda, porém, seu conteúdo é inevitavelmente algo *pessoal*, não "racional" ou "empresarial".

Atender à agenda pessoal de um cliente *não* significa promover um objetivo no qual você não acredita. Não defendo uma aquisição que, em minha opinião, não convém à empresa só porque o meu cliente a deseja. O que faço é encontrar outras opções que atendam às necessidades dele *e* da firma e procuro convencê-lo de que poderemos vender mais facilmente essas ideias à empresa do que a sua ideia menos justificada.

Atender à agenda pessoal de um cliente *não* significa sacrificar os seus princípios (no fim, você sentiria a consciência pesada). Significa ser menos ingênuo e compreender que aquela venda e o serviço prestado à empresa do cliente não acontecem em virtude de argumentos estéreis, acadêmicos e "racionais". Acontecem quando você compreende as personalidades em questão. Mostrar ao cliente em potencial que você sabe a diferença entre as ideias acadêmicas e o mundo real, que sabe que não existem companhias, mas pessoas, é a maneira mais segura de aumentar as vendas da empresa em que trabalha.

Nos últimos anos consegui fechar uma venda em 90% das minhas visitas. Embora tenha havido outros motivos, o mais importante foi a minha compreensão e prática do princípio que acabo de descrever.

Etapa 56

Convença o cliente de que você fará tudo para satisfazê-lo

Pense em todos os funcionários que você já teve até hoje. Quantos pode jurar que foram *absolutamente* dedicados a atender às suas necessidades, que usaram de toda a sua capacidade e energia unicamente para ajudá-lo? Provavelmente, apenas um ou dois. E como agiu com eles? Fez tudo para mantê-los a seu lado, procurou lhes dar tudo aquilo de que precisavam?

Você deve demonstrar ser uma dessas pessoas para o seu cliente ou para o cliente em potencial.

O que transmito a todo cliente em potencial é: se contratar os meus serviços, terá contratado a ajuda da pessoa mais dedicada e dinâmica que você já viu na vida. Toda a minha capacidade, todo o meu talento serão direcionados para fazer o que você precisa. Mais do que ele próprio, serei motivado a atender às suas necessidades. Por ele, enfrentarei qualquer risco se necessário.

E quantos de nós podem se dar ao luxo de recusar a ajuda de uma pessoa competente que está decidida a lhe ser totalmente leal? Quem você preferiria ter trabalhando a seu lado: eu ou o seu inimigo?

Ser totalmente leal não significa oferecer algo gratuitamente. Essa competência, energia e serviço custa dinheiro. Contudo, se você realmente convencer o cliente de que compreende as suas prioridades pessoais, de que é um aliado competente, enérgico e leal, ficará surpreso ao ver como o preço logo deixará de ser um problema: verá que seus clientes travarão batalhas dentro das respectivas empresas para lhe pagar melhor. Os clientes irão querer mantê-lo satisfeito, porque você é a melhor coisa que já lhes aconteceu, e eles não querem perdê-lo.

Etapa 57

Os cinco ingredientes de Bob Fifer para fechar uma venda

Há cinco coisas que sempre faço quando tento fechar uma venda. Se você fizer todas as cinco, a venda será sua. Se só fizer três delas, ainda assim suas chances serão muito boas:

1. Demonstre *competência*: mostre que o seu produto é bom, que você é razoavelmente inteligente e boa pessoa e que prestará um bom serviço. Este é o requisito mais importante de todos: se não puder demonstrar isso, nada funcionará. Mas a competência, por si só, não garante a venda, pois muitos dos seus concorrentes também são competentes.

2. Demonstre *simpatia pessoal* pelo cliente. Veja a Etapa 55.

3. Convença-o de que você é capaz de fazer tudo para satisfazê-lo. Veja a Etapa 56.

4. Deixe claro que você não precisa dele. Em outras palavras, *para vender, faça-se de difícil.*

Há algum tempo recebi a visita de um representante da maior companhia do mundo — um conglomerado mundial sediado na Europa, responsável por um faturamento de US$60 bilhões por ano. Os principais gerentes da empresa no mundo inteiro se reuniriam na Flórida para uma conferência sob o comando do diretor-presidente. Precisavam de um conferencista que apresentasse os temas a serem discutidos. Eu fui recomendado, e o presidente "decidira" que o conferencista seria eu.

— Ótimo — respondi. — E quando vai ser? — Disseram-me que seria dali a dois meses, às oito e meia da manhã de uma segunda-feira (abertura da conferência). — Não posso — respondi. — Não viajo durante os fins de semana e não posso estar na Flórida às oito e meia se partir da Virgínia (onde moro) na manhã de segunda-feira.

— Como disse?

— Não viajo nos fins de semana. É quando aproveito para estar com a minha família.

O homem se foi, conversou com o diretor-presidente e me telefonou.

— Você não entendeu — disse ele. — O presidente diz que conhece uma dúzia de outros conferencistas e consultores que adorariam fazer essa apresentação, e que pode escolher qualquer um deles. Escolheu você. Trata-se de uma grande oportunidade profissional. Você tem que ir.

Dei-lhe uma resposta delicada:

— Por favor, diga ao seu presidente que ainda bem que ele conhece uma dúzia de outras pessoas que adorariam fazer essa apresentação, porque vai precisar de um deles. Eu não viajo em fins de semana.

Dali a meia hora, novo telefonema:

— O presidente manda dizer que enviará seu jato particular para apanhá-lo na Virgínia na manhã da segunda-feira. Você aceita?

— Claro — disse eu.

O avião me apanhou no aeroporto de Dulles, a limusine do presidente estava à minha espera no aeroporto da Flórida para me levar à conferência. Fiz a apresentação, e a empresa passou a ser um dos meus maiores clientes.

O que essa história demonstra não é que não se deva viajar nos fins de semana — isso cada um deve decidir por si —, e sim que, quando o cliente sabe que você é competente, que na verdade *não precisa* dele, a vantagem passa toda para o seu lado. O cliente pensa: "Se ele é assim tão independente, *deve* ser realmente muito qualificado. Mas não vou deixar que saia ganhando desta vez. *Eu* é que vou ganhar. Vou contratá-lo, quer ele queira, quer não."

Outro exemplo. Certa vez visitei um cliente em potencial acompanhado de uma funcionária da minha empresa, uma jovem promissora mas inexperiente, que chamarei de Ann. Ao fim da reunião, tínhamos de marcar um próximo contato. "Que tal dia 19 de setembro?", indagou o cliente. Consultei minha agenda e lhe disse que o meu tempo estava todo tomado pelas próximas seis semanas, mas que talvez pudesse dar um jeito de liberar parte do dia 19 para atendê-lo. Havia relutância em minha voz, como se lhe fizesse um favor especial. Ann nem chegou a consultar a agenda (era nova na empresa e quase não tinha compromissos marcados — sua agenda estava vazia). Simplesmente sorriu e disse: "Claro, pode ser no dia 19."

Na viagem de volta, disse a Ann que *nunca* deixasse o cliente perceber que ela não estava ocupada: "Você deve parecer *sempre* ocupada, sempre muito requisitada, quer esteja, quer não."

A dificuldade cria a sua própria demanda. A facilidade cria a sua própria ambivalência ("Por que ela está tão disponível? Será que ninguém quer contratá-la? Eu estaria errando se a contratasse?).

Há um momento importante em cada venda quando o vendedor deve recuar e suspender o ataque. Exatamente quando o cliente começa a demonstrar entusiasmo pelo que você tem a oferecer, quando começa a pensar que *tem* de comprar o seu produto, recue — abertamente ("Estamos completamente tomados, e nem sei se vou poder atendê-lo") ou sutilmente (quando ele falar em contratá-lo, comece a dizer "*Se* passarmos a trabalhar para a sua empresa..."). Isso o deixará muito nervoso e ansioso para contratá-lo. A essa altura você já ganhou a parada.

5. Use o "sentimento de dever" para transformar o interesse pessoal que você demonstra pelo cliente em uma obrigação pessoal do cliente em relação a você.

Quase todos os indivíduos que conheci, no comércio ou em qualquer parte, desejam ter a sensação de que são leais e corretos. Quando acreditam ter sido desleais com alguém, não dormem direito à noite. Como vendedor, você deve cobrar do cliente esse padrão de lealdade: uma vez que está disposto a se arriscar por ele, o mínimo que ele pode fazer é lhe oferecer uma recompensa (monetária) justa.

Em última análise, é *esse* o verdadeiro motivo pelo qual estabelecemos uma conexão pessoal com o cliente e somos totalmente leais a ele. Pois, uma vez feito isso, podemos olhá-lo de frente e dizer: "Com toda a justiça, esta é a quantia que a sua empresa deveria me pagar. Estive a seu lado para vencer todas as dificuldades; agora é a hora de retribuir."

Esse "sentimento de dever", essa necessidade inata de ser leal que existe em todos nós é tão forte que, na verdade, você nem precisará abordar o cliente dessa maneira. Estabeleça a conexão pessoal, demonstre sua total lealdade e verá que o cliente fará tudo para ser justo com você. Basta a mais ligeira sugestão ou expressão facial indicativa de que, depois de tudo o que fez por ele, você não está sendo devidamente recompensado. Alguns clientes meus garantem que recebo uma recompensa maior do que jamais sonharia em pedir.

Pense nos cinco ingredientes citados. Medite sobre eles. Internalize-os. Faça deles a sua segunda natureza e irá receber mais pedidos do que pode atender — o que, afinal, nunca é ruim.

CINCO INGREDIENTES PARA FECHAR UMA VENDA

1. Mostre que é fundamentalmente competente.
2. Demonstre empatia com o cliente.
3. Mostre-se totalmente leal.
4. Faça-se de "difícil".
5. Use o "sentimento de dever" para transformar o interesse pessoal que você demonstra pelo cliente em uma obrigação pessoal do cliente em relação a você.

Etapa 58

Não existem indivíduos; o que há são percepções individuais

Embora você venda seus produtos a atacadistas e varejistas, esses produtos são adquiridos por um "consumidor". A regra fundamental que se aplica aos consumidores é que a compra é sempre, por definição, irracional, pois as pessoas (ao contrário dos computadores) não são inteiramente (e nem mesmo basicamente) "racionais". O que importa, em última análise, é como elas percebem o que estão comprando, e não o objeto comprado em si.

Quase toda mulher norte-americana usa em casa o sabão em pó Clorox. Mas se perguntar por que ela compra esse sabão em pó, é bem possível que ela não saiba responder. O motivo provável é que os pais o usavam, de modo que quando se casou ela presumiu que essa era a marca que devia comprar.

Clorox custa bem mais caro que outros branqueadores à base de cloro. As vantagens "verdadeiras" e "racionais" de Clorox em relação a esses produtos inexistem ou são relativamente insignificantes. Sabão é sabão. No entanto, geração após geração, as mulheres compram Clorox em virtude do efeito cumulativo da publicidade e da inércia: se não usar Clorox, o seu branco não será tão branco, os seus filhos repetirão o ano na escola e o seu casamento provavelmente terminará em divórcio.

Parafraseando H.L. Mencken: "Ninguém jamais se deu mal por subestimar a inteligência do público."

O poder da imagem da marca no ramo de produtos de consumo é *enorme*. É muito difícil construir uma imagem forte para a marca de um produto. Uma vez construída, ela adquire grande poder de inércia. Consequentemente, marcas como Clorox, Crest, Kleenex, Jell-O e McDonald's tendem a se manter fortes por muito tempo. E os fabricantes de produtos relativamente recentes, como os das fraldas descartáveis Pampers e Huggies, gastam pequenas fortunas para consolidar a imagem da sua marca, porque sabem que, uma vez consolidada, ela permanecerá forte por muitos anos.

A imagem de uma marca constitui obstáculo *especialmente* difícil para a concorrência, dados os riscos que um novo produto enfrenta quando tenta vencer uma marca já estabelecida. O motivo disso é que as marcas são construídas através da publicidade, e a publicidade não tem *"valor recuperável"*.

Se o custo de lançar um produto for US$100 milhões para construir uma fábrica ou investir em estoque, e se o lançamento não der certo, o concorrente pode reaver boa parte do dinheiro que empatou vendendo o estoque ou encontrando outro uso (ou comprador) para a fábrica. Se o custo de lançamento for US$100 milhões em publicidade (quando o obstáculo encontrado pelo novo produto for uma imagem de marca já estabelecida) e o lançamento não der certo, esses US$100 milhões se perderão para sempre. Não há o que recuperar. É por isso que as imagens de marcas duram tanto: lutar contra elas é geralmente muito difícil e arriscado.

Em meu trabalho promovo vários seminários; certa vez um dos participantes objetou:

— Bom, a imagem de marca funciona quando se trata de produtos de consumo, mas não quando se vende a empresas. As empresas são compradoras racionais.

Tolice. O comprador da companhia X é a mesma pessoa que tem Clorox em casa. Experimente dizer à FedEx ou à Xerox que a imagem de marca não tem valor nos mercados empresariais.

De modo que respondi o seguinte:

— Suponhamos que você e eu abríssemos uma empresa de copiadoras, marca Bill & Bob's. Suponhamos, ainda, que fôssemos ao presidente da Xerox e lhe oferecêssemos a seguinte transação: daríamos US$5 bilhões pelos direitos de usar a marca Xerox. Ele teria de mudar o nome da empresa e suas copiadoras passariam a se chamar "Bill & Bob's". Acha que ele aceitaria a transação?

O rapaz pensou dois minutos e respondeu:

— Acho que não.

— Agora sabemos que a imagem da marca da Xerox vale *pelo menos* US$5 bilhões, e provavelmente muito mais.

Na escola de comércio tive um professor de marketing que dizia: "Só existe uma coisa que você precisa saber a respeito de marketing: o que você vende ao cliente é um furo de três oitavos, não uma broca de três oitavos." O consumidor não compra produtos e sim a satisfação de suas necessidades. Em certo nível, essas necessidades são tangíveis: o furo de que precisa. Em um nível mais profundo e fundamental, elas são psíquicas: quero que os meus amigos me vejam dirigindo um BMW; fumar Marlboro me faz acreditar que estou no Velho Oeste, na terra de Marlboro; levar meus filhos a um estádio de futebol me faz lembrar o tempo em que meu pai me levava.

Em minha empresa temos um lema que repetimos sempre: venda o furo, não a broca. Qualquer pessoa pode fabricar uma broca. Só um vendedor competente e esclarecido pode vender bem um furo. Venda-o, e você terá mais clientes e poderá cobrar preços mais altos.

Etapa 59

Nenhum comprador é igual a outro — adapte a sua oferta e os seus argumentos de venda

A maioria das empresas não define com a devida atenção o produto ou serviço que oferece nem o modo de vendê-lo à sua base de consumidores. Sugere uma ideia ou duas (quando muito) e tenta vendê-lo a todos, de maneira uniforme.

Em muitas indústrias existem enormes oportunidades para a empresa que melhor satisfizer as necessidades de cada grupo de clientes. Adaptar não só o produto, mas também as condições da venda, o nível do serviço e o modo de interagir com cada cliente ou grupo de clientes são o que as empresas não fazem com a devida frequência.

Isto se aplica especialmente às indústrias de serviço, nas quais a pesquisa de mercado e a segmentação detalhada da base de clientes geralmente não atingiram o grau de sofisticação alcançado por uma firma de produtos de consumo como a Procter & Gamble.

A empresária ocupada entra em um supermercado ao voltar para casa. É uma noite de sexta-feira, há longas filas nas caixas, e ela é obrigada a esperar vinte minutos para pagar o que comprou. Por que não ter uma fila de "5% a mais" para os clientes que não podem esperar? Eles pagariam dois dólares a mais por um carrinho com US$40 de compras e sairiam em três minutos. O pagamento extra seria mais do que compensado (pensando bem, não chega a *haver* um custo extra), e o dono do supermercado teria conquistado mais uma classe de clientes. Os clientes mais constantes, que não podem pagar os 5% ou não têm pressa, podem esperar nas filas comuns.

Se pensar a respeito, verá que existem dezenas de exemplos como este no dia a dia. Os telefones que estão sempre ocupados para receber chamadas poderiam ter serviço expresso — usando um prefixo 900 e cobrando 75 centavos por ligação — para atendimento imediato.

Nem todo mundo precisa receber o correio *todos os dias*. Por que não oferecer uma redução de taxas para quem aceitar receber a correspondência *dia sim, dia não*? (Posso garantir que se os norte-americanos soubessem quanto economizariam em taxas e selos, o Congresso aprovaria uma lei nesse sentido, e todos concordaríamos em esperar mais um dia para receber as contas pelo correio.)

Esta segmentação do setor de serviços, a adequação dos serviços às necessidades dos clientes, constitui uma oportunidade de lucros de dezenas de bilhões de dólares, à espera de alguém que queira ganhar esse dinheiro. (Pergunte aos investidores originais do serviço de entrega rápida, que foram os primeiros a segmentar a exploração da entrega de correspondência.)

Essa oportunidade de lucros que há na adequação ao cliente não se limita ao setor de serviços. Atuei como consultor de uma grande empresa de petróleo, junto com o chefe de vendas no "varejo" (ou seja, nos postos de gasolina), e fiquei assombrado com a falta de sofisticação no tocante à clientela. As decisões de marketing eram tomadas por engenheiros. O mais humilde homem de marketing da Procter & Gamble ou da Philip Morris poderia ter ensinado muita coisa a essa divisão sobre como atrair clientes e ganhar mais dinheiro — e poderia ter sido contratado a um preço bem razoável. Quando a Apple foi buscar John Sculley na Pepsi para ser o seu diretor--presidente, demonstrou dar mais importância em conhecer a clientela do que em conhecer computadores.

Até mesmo as empresas de produtos de consumo, que há décadas vêm segmentando e subsegmentando os seus mercados, deixam passar muitas oportunidades. Somente agora começam a pensar em segmentar o setor de "serviços" — como vender para diferentes canais de distribuição, que opções de canais devem oferecer aos clientes, diferentes maneiras de pagar e receber descontos — com a mesma eficiência com que segmentam o setor de produtos.

O primeiro passo é ter uma boa ideia: oferecer um bom produto ou serviço. *Maximizar* os lucros significa adequar essa boa ideia, de modo criativo e enérgico, a todos os segmentos possíveis (e lucrativos) do mercado.

Etapa 60

Reflita sobre o seu método de vender

Concebo a atividade de vender como uma ciência explícita e recomendo aos meus funcionários que façam o mesmo. Não que se trate de uma ciência no sentido de ser quantificável ou inteiramente "cognoscível". Mas o fato de não poder ser quantificada não significa que não devemos estudar o processo de vender com o devido afinco e atenção. O que devo fazer para conquistar o meu cliente? O que fiz de certo neste meu contato de vendas? O que fiz de errado? Como posso melhorar da próxima vez? Por que as pessoas compram os produtos que compram?

Costumo fazer e responder a estas perguntas refletindo sobre aquilo que *eu* compro (ou deixo de comprar) dos vários fornecedores de produtos e serviços. Por que preferi aquele corretor de imóveis ou aquele arquiteto? Por que rejeitei aquele outro, embora fosse obviamente mais qualificado "no papel"? O que havia naquele anúncio de TV — ou naquele arranjo de vitrine — que me levou a comprar? O que não gostei na maneira de agir daquele vendedor, que me fez sair da loja de mãos vazias, embora eu tivesse entrado com a intenção de comprar? Sempre que faço e respondo a uma dessas perguntas, aprendo algo sobre como vender, algo que depois aplico em minha própria atividade.

Uma outra maneira de aprender a vender é estudar os mestres: Ronald Reagan, Mikhail Gorbachev, Bill Clinton, Margaret Thatcher; ou Shaquille O'Neal, Greg Norman, Frank Sinatra e Madonna. Todos eles atingiram um nível de sucesso e popularidade muito acima de outros igualmente bons políticos, cantores ou jogadores de basquete. O que é que eles fazem ou dizem que leva tanta gente a lhes entregar o seu dinheiro e votos? Toda vez que vejo essas pessoas, presto atenção em suas expressões faciais, seus maneirismos, o que dizem, a maneira como pensam, e adoto aqueles elementos que em minha opinião aperfeiçoariam o meu estilo (o que, no entanto, nem sempre se aplica aos maneirismos de Madonna).

Uma forma de maximizar as vendas é ver a atividade de vender como um processo explícito e complicado que oferece oportunidades infinitas de aperfeiçoamento. Há modelos à nossa volta em toda parte: devemos estudá-los, aprender, imitar e, se preciso, plagiar. Os próximos 20% de aumento em suas vendas dependem de como você assimila essas lições, e não de golpes de sorte, do acaso ou de coisas mais banais.

Toda vez que *perco* uma venda, faço questão de examinar *por que* a perdi. Em que momento importante ofereci ou disse alguma coisa errada? Em seguida, me decido a nunca mais repetir o erro. Quem nunca comete erros não está se esforçando muito. Mas quem nunca comete o mesmo erro duas vezes está maximizando a sua competência e o seu sucesso no mundo dos negócios.

Etapa 61

O cliente detecta uma gota de sangue em um milhão e meio de gotas de água

Já me disseram que, quando faminto, o tubarão fareja uma gota de sangue em um milhão e meio de gotas de água, e assim localiza sua vítima a grande distância. Todo cliente é como o tubarão. Esperem, me deixem explicar.

Transmita ao cliente, de todas as maneiras possíveis, que, COM CERTEZA E SEM SOMBRA DE DÚVIDA, se ele comprar o produto da sua empresa ficará não apenas satisfeito, mas SATISFEITÍSSIMO. Há várias maneiras de se fazer isso: com palavras, com o tom de voz, com o uso de linguagem corporal ou de mensagens escritas. (Há uma frase que costumo incluir no fim das cartas que envio aos clientes em potencial: "Tenho certeza de que você ficará mais do que satisfeito." Vários deles já me disseram que foi a palavra "certeza" que lhes causou maior impacto.)

Se você transmitir *100%* de confiança, o cliente ficará razoavelmente convencido. Se demonstrar somente 99,9% de confiança, ele ficará muito, muito preocupado. Como um tubarão que fareja sangue, o cliente detecta *a mais ligeira dúvida* no que você diz e mentalmente a multiplica por cem. A chance de fechar a venda cai vertiginosamente.

Muitos dos meus clientes e possíveis clientes estão estabelecidos em diferentes cidades, de modo que viajo de avião para visitá-los. Antes da chegada, anoto em um bloco de papel o que devo pensar no "momento da tacada". (Todo bom jogador de golfe tem uma pequena lista daquilo em que deve se concentrar no instante da tacada. Infelizmente, no meu caso, esses pensamentos "preparatórios" funcionam melhor quando vendo do que no campo de golfe.) Meus pensamentos nunca são "lembrar o cliente de que o produto pode ser fornecido em uma de duas cores, vermelho ou verde" ou "lhe ofereça um desconto de 2% para pagamento em dez dias, ou 30 dias sem acréscimo". Em vez disso, o que penso é: "Evite demonstrar dúvida", "Tenha a certeza de que somos a empresa mais qualificada para atender às necessidades do cliente" e "Esqueça que está com a garganta inflamada, que só dormiu quatro horas ontem à noite e tem um problema a resolver no escritório. Sorria, seja positivo, faça o cliente sentir prazer em conversar com você". Afinal de contas, transmitir certeza e absoluta confiança no que oferece é mais importante do que qualquer outra coisa que você diga ao cliente.

Um cliente em potencial costuma perguntar muito. A cada resposta que você dá, há a possibilidade de deixar cair no mar aquela gotinha de sangue. Concentre-se, seja inabalável, nunca deixe diminuir a confiança que transmite.

Um dos melhores filmes de todos os tempos foi *Juventude transviada*, com o saudoso James Dean. Nele, Dean faz o papel de um adolescente cuja família se transferiu para um novo ambiente, e ele se vê em uma nova escola, rodeado por um bando de colegas cruéis. Os colegas o submetem a uma série de abusos e intimidações, mas ele é valente e consegue se sair bem. Eles decidem desafiá-lo para uma perigosa corrida de automóvel à beira de um penhasco, e perguntam: "Você já apostou racha antes?" Sem hesitar, ele responde com toda a calma e firmeza: "Não faço outra coisa na vida." Quando ele e seu único amigo (interpretado por Sal Mineo) se afastam, ele indaga: "O que é racha?"

Quando um cliente em potencial lhe perguntar se a sua empresa pode satisfazer determinada necessidade, a *única* resposta correta é: "Não fazemos outra coisa na vida." Depois que sair, você terá tempo de sobra para pensar em como satisfazê-la.

Etapa 62

O processo de venda é a sua melhor chance de mostrar ao cliente o que você é capaz de fazer

Meus concorrentes costumam levar *duas semanas* para redigir a proposta detalhada que apresentarão ao cliente no caso de uma venda importante. O que isso revela ao cliente quanto à eficiência dos proponentes, da capacidade de reagir rapidamente e atender a suas necessidades?

Há uma regra que raramente deixo de usar. Sempre que um cliente manifesta interesse, seja pessoalmente ou por telefone, envio-lhe a minha proposta no mesmo dia ou no dia seguinte pelo serviço de entrega rápida. Já me disseram diversas vezes: "É incrível a rapidez com que você reagiu. Isso indica a qualidade do serviço que posso esperar da sua empresa mais tarde."

Qualquer que seja o processo de venda que use, é fundamental que você:

- Reaja com toda a rapidez.
- Reaja muito profissionalmente.
- Certifique-se de que toda comunicação enviada ao cliente durante o processo de venda é de alta qualidade.
- Comunique de várias maneiras a sua flexibilidade e a sua disposição de fazer o que for necessário para atender às necessidades do cliente.

Muitos vendedores acreditam que o "produto" ou a lógica irrefutável inerente à proposta é suficiente para fechar a venda. Na verdade, para a maioria dos clientes e empresas, o que realmente determina a seleção do fornecedor são os "fatores intangíveis" do que é feito e *como* é feito. Um cliente que compra de você pela primeira vez só tem uma coisa para basear sua decisão: aquilo que ele vê durante o processo de venda.

O processo de venda é a sua melhor oportunidade de mostrar ao cliente do que é capaz. É assim que você deve conceber esse processo.

Etapa 63

A segunda venda começa no instante em que você fecha a primeira

Não é preciso dizer que, uma vez realizada a venda, é crucial que você entregue um produto ou serviço de qualidade e cumpra o que prometeu. Contudo, o empresário ou vendedor que demonstrar excesso de ansiedade no tocante a cumprir suas promessas será um empresário ou vendedor de pouco sucesso.

A partir do momento em que você fecha a primeira venda, todos os seus pensamentos, energias e interações com o cliente devem se concentrar em como irá fazer a próxima venda para o mesmo cliente. Isso não significa ignorar o que foi prometido; *significa* cumprir o que foi prometido, mas de maneira a provocar a próxima venda.

A diferença é sutil, mas *decisiva.* O vendedor que se mostra nervoso em satisfazer as exigências do cliente, a cumprir o que foi prometido, tende a agir de modo defensivo e demasiadamente solícito. Com isso, deixa escapar aquela gotinha de sangue que o tubarão fareja (ver Etapa 61). Está mirando baixo demais: "Se conseguir entregar este pedido sem qualquer queixa importante por parte do cliente, terei ganhado a parada." E tendo ganhado, terá de partir em busca de um novo cliente para a próxima venda.

Por outro lado, o vendedor que procura cumprir o que prometeu, *sabendo* que de uma maneira ou de outra as promessas serão realmente cumpridas, irradia confiança, competência e tranquilidade. O cliente pensará: "Se ele não está preocupado, por que eu estaria?" No caso, o equilíbrio entre cliente e fornecedor é alterado: o fornecedor é visto como uma pessoa com capacidade superior, à qual o cliente pode recorrer e com a qual *pode contar.*

A partir daí, a tarefa do vendedor é transformar essa confiança em novos pedidos. No momento em que fecho a primeira venda, começo a me perguntar:

- Que outros produtos ou serviços fornecidos pela minha empresa seriam úteis a este cliente?
- Quais as várias maneiras, explícitas e implícitas, de expor o cliente a esses outros produtos ou serviços que ele devia comprar?
- Como posso conhecer melhor a organização do cliente, de modo a me tornar mais capaz de fechar essas outras vendas?

Geralmente, é tarde demais para pensar em uma segunda venda *depois* que o objeto da primeira já foi plenamente atingido. A essa altura você tem menos oportunidade de interagir com o cliente e, portanto, de influenciá-lo; de qualquer forma, o cliente já consolidou a impressão que tem de você. O vendedor confiante começa a pensar na segunda venda no instante em que fecha a primeira — e, na atividade de vendas, a confiança no sucesso tende a gerar sucesso.

Etapa 64

Vender é uma questão de atrair

Certa empresa que conheço testa o candidato a emprego da seguinte maneira: depois de ser aprovado em uma série de entrevistas e ser visto como sério candidato ao cargo, a empresa encontra uma desculpa para colocá-lo em uma viagem aérea de várias horas, ao lado da pessoa encarregada de admiti-lo.

A regra que decide a sorte do candidato é muito simples: se o encarregado de admiti-lo deseja que o voo seja mais curto, nenhuma oferta é feita ao candidato.

O processo pode ser extremo, mas o princípio é válido. Não compramos coisa alguma de quem não gostamos; preferimos comprar de pessoas pelas quais sentimos alguma empatia ou, pelo menos, que despertam o nosso interesse de alguma forma. Comprando dessas pessoas, encontramos um pretexto para manter um pouco mais de contato com elas. A necessidade de nos manter em "órbita" em torno de pessoas simpáticas é bem conhecida dos psicólogos.

É óbvio que ter "empatia" não significa fazer algo que comprometa a integridade pessoal ou a ética do vendedor ou do comprador. Mas, queiramos ou não, somos pessoas, e rapidamente formamos opiniões favoráveis ou desfavoráveis sobre as pessoas que encontramos. Parte do processo de vender é produzir atração, no sentido mais amplo, na pessoa que vai comprar.

Atração significa carisma, boas maneiras, personalidade agradável. Significa certo senso de humor e certo interesse pelo que acontece à nossa volta e no mundo. Significa saber escutar e ser fácil de escutar. E, é claro, significa se vestir bem e adequadamente, se manter em forma e conservar uma aparência bem-cuidada.

Por si só, a "atração" não resolve tudo. O importante é saber se ela ajuda ou se a sua ausência prejudica. A resposta é: definitivamente, sim. Procure saber como, dentro dos limites da sua personalidade natural, você pode exercer o máximo de atração sobre o cliente. E pense nisso quando admitir vendedores para a sua empresa.

Etapa 65

Quem pede mais recebe mais

Quando eu era jovem (24 anos), fiz um curso de vendas de quatro dias de duração. Desse curso, o que mais me marcou foi um simples ditado: quem pede mais recebe mais.

A grande maioria das pessoas tem dificuldade em aplicar esse ditado. Até certo ponto, somos tímidos, inseguros quanto aos nossos talentos e receosos de pedir que o cliente nos pague muito dinheiro. Não acreditamos em nosso mérito: quem somos *nós* para pedir que ele nos veja como alguém capaz de satisfazer plenamente todas as suas necessidades?

Nossa relutância e incapacidade de aplicar tal regra vêm à tona dezenas de vezes por dia nas transações mais comuns. Quantos já reclamaram das refeições servidas nos aviões, mas nunca pediram repetição da sobremesa, da salada ou da parte da refeição de que gostaram? Se pedissem, seriam sempre atendidos. Você tem a paciência de esperar que um funcionário desatencioso termine um telefonema ou preencha um formulário, ou exige (verbalmente ou através de expressões faciais) que ele o atenda primeiro, como cliente que é, antes de executar a outra tarefa que pode esperar?

Você já experimentou escrever uma pequena carta questionando alguma conta que recebeu, referente a algum conserto feito em sua casa? Eu adoto constantemente esse sistema e obtenho reduções em duas de cada três contas. No caso de uma reserva em quase todo hotel, você pode negociar uma diária mais módica e/ou acomodações melhores se exigi-las com bons modos e persistência suficiente.

Estes são exemplos triviais, mas o preço ou a quantidade do que você vendeu ao cliente não é trivial. Na atividade de vendas, a regra mais simples de todas é pedir mais: mais do que lhe deram antes, mais do que o encomendado, mais do que a sua insegurança lhe diz que você merece. Quando o vendedor usa de inteligência e cautela, pedir mais funciona às mil maravilhas, pois a maioria das pessoas (e, portanto, dos clientes) não costuma pedir mais. Dão-lhe mais, em vez de tentar lutar contra a sua própria insegurança.

Experimente isto: se quiser que o cliente compre X, peça que compre X, Y e Z. Recusar Y e Z exigirá toda a resistência de que ele é capaz; comprar "somente" X lhe parecerá um grande alívio e uma grande vitória. Em meu ramo, a regra prática é pedir cinco para receber dois.

O segredo de dar o pulo mental de "pedir mais" é vencer o seu receio de fracasso ou rejeição. E o segredo de vencer esse receio é redefinir a tarefa e, consequentemente, redefinir a noção de fracasso.

Digo aos meus vendedores que se eles encaram cada tentativa de venda como uma questão de vida ou morte, como uma vitória ou derrota, devem se preparar para uma vida de depressão porque, para a maioria das pessoas na maioria das transações comerciais, há muito mais "derrotas" do que "vitórias". Em vez de pensar assim, eles devem ampliar a definição de cada batalha para cinco ou dez batalhas e ampliar a duração da guerra para um mês ou um ano.

Em minha empresa acompanhamos o desempenho de cada vendedor por meio da média móvel dos últimos doze meses. Em outras palavras, qual a média mensal do vendedor nos doze meses anteriores? Esse período inclui provavelmente 75 tentativas de venda, muitas delas bem-sucedidas. O período é suficientemente longo para que cada um se concentre em seu desempenho global, não em cada visita de venda. Concentrando-se no resultado global, terão menos medo das "rejeições" e tenderão a ser mais agressivos e a "pedir mais".

Às vezes digo a um vendedor principiante que demonstra talento: "Pense em cada dez visitas de vendas como uma única visita. *Uma* de suas últimas dez visitas foi bem-sucedida? Se foi, então sua última unidade de visitas (dez) foi bem-sucedida."

"Agrupar" sucessos e fracassos dessa maneira é um bom jogo mental que você pode aplicar a si mesmo. No início da minha carreira, ganhava uma quantia de dinheiro quatro vezes por dia e perdia outra quantia duas vezes por dia, mas tinha tal ambição de perfeccionismo que ia para casa pensando somente nos meus dois fracassos. Depois meus negócios melhoraram, de modo que eu ganhava muito dinheiro oito vezes por dia e perdia muito dinheiro quatro vezes por dia. Em casa só pensava nos quatro fracassos e me sentia *duas vezes* mais infeliz que antes.

Com o tempo aprendi a alargar a minha visão e a comparar os fracassos com os sucessos. Em primeiro lugar, isso me tornou mais feliz à noite e nos fins de semana. Depois fez com que me preocupasse menos com as "rejeições" e, mais relaxado, pedisse mais. O resultado tem sido uma série de êxitos maiores, além de um número menor de fracassos, porque minha confiança no sucesso passou a gerar o sucesso.

A seguir, veremos mais algumas lições específicas sobre como estar certo de que você está colocando o melhor preço em seus produtos ou serviços.

Etapa 66

Preços — você não está cobrando tudo o que pode

Quase toda empresa se preocupa com a receita, com as vendas e com a necessidade de se manter ocupada. Maximizar os lucros não é a sua principal preocupação (embora diga que é). O resultado é que, para obter vendas e se manter ocupada, a maioria das empresas esquece dinheiro em cima da mesa quando se trata de calcular preços.

A primeira regra do cálculo de preços é das mais simples e mais sensatas e, no entanto, é a mais esquecida de todas: sempre cobre de cada cliente o máximo que ele está disposto a pagar.

Há um método de fácil aplicação que o ajudará a identificar consideráveis oportunidades de lucros. Faça uma lista dos seus vinte maiores clientes. (Se você vende um produto de consumo destinado ao mercado de massa, faça uma lista dos seus vinte maiores varejistas ou distribuidores; ou, em termos de consumo, relacione os vinte maiores *segmentos* de consumidores aos quais você vende.)

Agora, para cada cliente, se pergunte: "Se eu aumentasse o preço em 2%, *realmente* perderia esse cliente?" Se a resposta for não, experimente o mesmo em relação a 5%, 8%, 12% e 15%. Se as suas respostas forem corretas e honestas, você verá que há certos clientes que não suportariam um aumento de preço, mas há outros que aceitariam aumentos de 5, 8, 12 ou 15%. A não ser que você já faça isso, essa oportunidade de aumento de preço está à sua espera, porque *não existe um corpo de vendedores no mundo que, por iniciativa própria, maximize os seus preços.* Os vendedores se interessam unicamente em fechar a venda, e talvez lhe digam: "E daí? O que são 2, 5 ou 8% a mais? Uma insignificância." A resposta é que, para uma empresa que tenha uma margem de lucro de 10, 15, ou mesmo 25%, aumentos de preços dessa magnitude têm um *enorme* impacto sobre a lucratividade.

Apresentei esse processo ao presidente e ao vice-presidente de vendas de uma empresa fabricante de motores, cujo faturamento era de US$2 bilhões por ano, e eles terminaram aumentando em 4,7% o preço *médio* de toda a sua linha de produtos. Começamos com os vinte maiores clientes, mas terminamos com um total de 65 grandes clientes, os quais representavam, no conjunto, 98% da receita total. Nosso lema durante o processo era: "O objetivo não é um cliente *perfeitamente* satisfeito e sim um cliente que nos dá o máximo de lucro." Trabalhei com esse presidente durante três anos e, tempos depois, num almoço, ele me disse que esse lema foi a coisa mais importante que aprendera comigo.

Outro exemplo: a gerente de uma pequena empresa com a qual trabalho não aumenta os preços de seus serviços há cinco anos. Quando recomendei que aumentasse os preços, ela respondeu:

— Mas o cliente vai ficar furioso. Da última vez que aumentei os preços (há cinco anos) foi um desastre.

— O que aconteceu? — perguntei.

— Foi um desastre. Não quero nem me lembrar disso.

— Quantos clientes se queixaram?

— Um mundo deles.

— Quantos?

— Acho que uma dúzia (de um total de 150).

— E quantos desses clientes você perdeu?

— Bom, nenhum. Todos aceitaram o aumento e continuaram meus clientes. Mas devia ter visto a cara feia que fizeram.

E assim, porque alguns clientes fizeram "cara feia", ela não aumenta os preços há cinco anos!

Tendemos a reagir de modo exagerado à insatisfação dos clientes. Aumentar os preços representa uma enorme possibilidade de lucro. Tire proveito dela.

Etapa 67

Primeiro determine o preço, depois o produto ou o serviço — não vice-versa

A maioria das pessoas decide o que vai vender a um cliente e depois tenta vendê-lo pelo maior preço possível. Eu faço o contrário.

Primeiro, aquilo que é mais importante: calculo o preço máximo que o cliente está disposto a pagar. Depois planejo um produto ou serviço adequado a esse nível de gasto. Assim, obtenho de cada cliente o máximo de preço e de receita e maximizo a receita total e a lucratividade da minha empresa.

Quem quer que tenha estudado na escola os primeiros fundamentos de economia deve se lembrar da expressão *consumer surplus*, ou "consumidores excedentes". Ela significa que diferentes consumidores estão dispostos a pagar diferentes preços pelo produto ou serviço oferecido. A teoria econômica nos diz que não devemos cobrar o menor preço possível para vender a todos os clientes, porque isso reduziria a zero a nossa lucratividade. Tampouco devemos cobrar o maior preço possível, porque, embora a nossa margem de lucro aumentasse, teríamos somente um cliente (aquele disposto a pagar o maior preço). Assim, escolhemos uma faixa de preços mediana, com a qual perdemos alguns clientes particularmente "baratos" e damos a outros o produto a um preço *menor* do que estariam dispostos a pagar. A boa sorte desses clientes toma o nome de "consumo excedente" — o qual representa a diferença entre o preço que pagam e o preço que estariam *dispostos* a pagar.

Ora, isso pode estar de acordo com o figurino da economia, mas não é o modo correto de dirigir uma empresa. (Afinal, conheço poucos economistas que ficaram ricos.)

Quando termino o meu trabalho de consultoria junto a alguma empresa, *essa empresa* está vendendo aos "consumidores excedentes", e *não* a seus clientes. Calculamos o preço que cada grupo de consumidores está disposto a pagar, cobramos esse preço e projetamos uma oferta de produto ou de serviço adequada a esse preço para cada cliente ou grupo de clientes.

Você perguntará: "Como determino o preço que o cliente está disposto a pagar?" Continue a ler.

Etapa 68

Pergunte aos clientes quanto eles estão dispostos a pagar

Sempre que estou diante de um cliente em potencial, pergunto quanto ele está disposto a pagar.

Há muitas maneiras de fazer isto. Um dos métodos abaixo funcionará com quase todos os clientes.

Um deles é apresentar faixas de preço e anotar a reação do cliente. "Há quem faça esse tipo de projeto por US$50 mil, US$100 mil e US$200 mil, dependendo do nível de detalhamento. Portanto, para poupar o seu tempo e o meu, me dê uma noção do nível adequado ao seu orçamento." A resposta geralmente vem sob a forma de: "Podemos gastar bem mais que US$50 mil, mas não US$100 mil." Agora você está perto de conhecer quanto o cliente deseja pagar: talvez US$80 mil, talvez US$95 mil. E pode aperfeiçoar seu cálculo, sugerindo uma faixa mais estreita (oitenta a 95) e deixando que ele reaja. Ou oferecendo, primeiro, um produto de US$80 mil e levando o cliente a aumentar esse preço através de opções adicionais que totalizam US$15 mil.

Um segundo método é compatível com a mentalidade de "trabalho de equipe" adotada pelas grandes empresas em suas relações com os clientes. Nesse caso, eu simplesmente digo ao cliente o que estou fazendo:

— Não teria sentido simplesmente "bolar" um preço, para depois arquitetar um produto ajustado a esse preço. Se o meu preço for alto demais, não faremos negócio e ambos perderemos. Se for baixo demais, você recebe, em termos de produto, menos do que pretende e precisa. Já que estamos do mesmo lado, devemos cooperar um com o outro. O meio mais direto é você me dizer quanto quer gastar, para que eu possa planejar com base nesse preço. Depois, podemos fazer os ajustes que forem necessários.

Existem outras variantes e combinações de métodos, mas todos levam ao mesmo resultado. Sinta-se à vontade para pedir que o cliente diga o preço que pretende pagar e aprenda a não tomar a iniciativa de declarar o preço do seu produto ou serviço. Lembre-se das seguintes observações sobre a conduta humana:

- Nunca subestime a força de uma pergunta direta. Se você fizer a alguém uma pergunta direta a respeito de algo, o impulso da maioria das pessoas é responder, e responder honestamente.
- O silêncio é, às vezes, uma arma de negociação muito poderosa. Tenha em mente esta regra: "Uma vez mencionado o preço, quem falar em seguida perde a negociação." Quando pede ao cliente que diga o preço que quer pagar, ele pode hesitar e demonstrar incerteza. Mantenha-se *calado.* Evite a tentação de ajudá-lo a sair de uma situação incômoda. *Não diga uma palavra.* O seu silêncio demonstra a sua confiança e determinação. Mais que isso: o silêncio é um vazio que clama para ser preenchido. Se você ficar calado, mais cedo ou mais tarde — após dez ou vinte segundos — o cliente termina mencionando um preço.

Etapa 69

Discriminar preços ajuda a vender aos "consumidores excedentes" no mercado de massa

Certo hotel onde costumo me hospedar cobra uma diária de US$129. Por outro lado, possui andares "executivos" para empresários, nos quais a diária é de US$250. Sabe o que o hóspede recebe em troca desses US$121 a mais? Um jornal e uma refeição matinal especial. Custo a mais total para o hotel, incluindo mão de obra: menos de cinco dólares. Bom negócio, não?

No entanto, os andares executivos ficam lotados antes do resto do hotel. Os empresários que viajam não têm de pagar as contas (quem paga são os acionistas das empresas onde trabalham), de modo que não se importam com o preço. Subconscientemente, acham que recebem um jornal e uma refeição de graça, e, portanto, estão fazendo um bom negócio.

O hotel oferece ainda uma *terceira* opção. Qualquer secretária ou agente de viagens, suficientemente expedita e competente, que telefone exigindo um quarto em andar executivo ao preço da diária comum de US$129 (e lembre ao gerente do hotel a frequência com que encaminha hóspedes para lá) é atendida. O gerente raciocina: por que não (a não ser que não tenhamos vagas)? Afinal, oferecer de graça um jornal e uma refeição matinal custa uma ninharia.

Um dia desses, a funcionária que serve a refeição da manhã esqueceu na mesinha do quarto sua lista de hóspedes com as respectivas diárias. Assim, soube que os ocupantes daquele andar — em quartos idênticos, com direito a serviços idênticos — pagavam diárias que iam desde um mínimo de US$89 até U$250. A única diferença era a insistência do agente de viagens em negociar um bom preço.

Este exemplo de "discriminação de preços" mostra como deveria ser, no mercado de massa, o raciocínio de todos os bons comerciantes. Como criar diferenças relativamente pequenas mas altamente significativas nas várias ofertas da minha linha de produtos, de modo a cobrar o máximo que cada grupo de clientes está disposto a pagar, isto é, de modo a vender a todos os "consumidores excedentes"?

Exemplos disso existem no mundo inteiro. Serviço de entrega rápida de correspondência e encomendas de um dia para outro, às dez e meia da manhã (custa mais caro) *versus* 15h. Gasolina azul *versus* gasolina super *versus* gasolina comum sem chumbo (você *realmente* acha que há grande diferença entre as três?). Serviço urgente de lavanderia *versus* entrega em três dias (experimente dizer que você só pode pagar o preço normal, mas *realmente* precisa da roupa com urgência, e verá que isso funciona sempre). E computadores Macintosh, dos quais existem inúmeros preços e variantes. Um levantamento informal que fiz junto aos meus amigos e vizinhos mostra que muitos preferem comprar o mais caro, mas poucos realmente compreendem quais as diferenças entre um produto e outro e não sabem se valeu a pena pagar mais. E as companhias aéreas (mestras em discriminar preços), nas quais a reserva de um mesmo assento de avião tem dez preços diferentes, dependendo da energia e esperteza com que você negocia a sua passagem.

A discriminação de preços está para o mercado de massa como "perguntar ao cliente quanto ele quer pagar" está para o mercado comercial ou industrial. O objetivo é fazer com que cada cliente pague o máximo que está disposto a pagar. O impacto sobre os lucros é enorme.

Etapa 70

O segredo: cobrar o máximo possível sem perder um único cliente

O empresário realmente competente cobra o preço mais alto possível sem, com isso, perder um único cliente. Tem uma oferta a fazer a cada classe importante de consumidores — desde os que só dispõem de um orçamento limitado até aqueles dispostos a comprar o mais caro.

Negociar um preço diretamente com o cliente significa pesar com cuidado o que você diz. Tente obter o maior preço, mas não emita um ultimato que force o cliente a dizer "sim" ou "não". Em vez disso, as perguntas referentes à venda e ao preço sempre devem ser feitas de modo que as únicas respostas possíveis sejam "sim" e "sim, mas a um preço menor, por favor". Desse modo, você não perde o cliente.

Obtenho esse resultado dizendo: "Com base no que discutimos, acho que o preço deve ficar entre US$20 mil e US$30 mil. Aceitarei US$20 mil, se é o que você realmente deseja, uma vez que pretendo fechar esta venda, mas, se fosse você, pagaria os US$30 mil. A vantagem adicional que irá receber vale isso." O cliente pode responder de várias maneiras, mas nenhuma delas é um simples "não". Você passa no teste como vendedor e obtém o maior preço que poderia no caso.

Etapa 71

Mantenha sua dignidade em matéria de preço

Minha empresa tinha um escritório em Londres, e há muitos anos eu prestava serviços de consultoria no Reino Unido. A lição mais importante que aprendi com os ingleses (bem como com certos empresários norte-americanos) foi que discutir preço não é compatível com a dignidade de um empresário sério.

O que você deve fazer é adotar uma atitude relutante, profissional e prática. "A propósito, tenho aqui alguns cálculos sobre quanto isso poderia custar, mas o que realmente importa a você e a mim é o fornecimento profissional de mercadorias e serviços da melhor qualidade. Não desejamos pechinchar um com o outro como se estivéssemos em uma feira, certo?"

Aliada ao sistema de indagar do cliente quanto ele quer pagar, essa atitude relutante e comedida funciona muito bem. A relutância lhe dá um bom pretexto para se manter em silêncio (ver Etapa 68), e o cliente termina abrindo o jogo e declarando honestamente o preço que tem em vista, em lugar de dar início a um processo de "pechincha de feira livre". Quando você se mostra superior a esse tipo de coisa, o cliente tende a imitá-lo.

O corolário da regra de "demonstrar dignidade" é que o preço só deve ser mencionado no estágio mais avançado possível do processo de venda. Só mencione o preço quando o cliente o fizer. Mencioná-lo primeiro seria demonstrar o seu nervosismo quanto ao preço. O fato de você se manter calado a respeito do preço transmite sua confiança sobre o que está fornecendo e sua certeza de que o cliente pagará o que é justo.

Etapa 72

Lembre-se: preço nada tem a ver com custo

Na véspera da minha primeira aula no curso comercial, o professor entregou aos alunos um pequeno estudo que deveríamos ler e analisar. Um fabricante de ferragens para banheiro produzia três produtos diferentes e precisava decidir como estabelecer o preço de cada um deles. Acompanhavam o estudo cerca de doze páginas de dados de custos, de modo que ficamos acordados durante metade da noite experimentando diferentes sistemas de alocação de custos a fim de determinar o preço correto de cada um dos três produtos.

Na manhã seguinte, às oito e meia, o professor entrou na sala e pediu que cada um apresentasse o seu sistema de preços. Dali a pouco os vários alunos davam início a um longo debate quanto à metodologia mais justa a adotar para o cálculo do "verdadeiro" custo e assim determinar o preço. O professor ouvia tudo em silêncio.

Próximo ao fim da aula, ele pigarreou e disse:

— Estão todos errados. Quando se estabelece um preço *nunca* se dá atenção aos custos. Usa-se o preço que o mercado pode pagar.

E saiu da sala.

Mais do que qualquer outra, essa lição tem sido extremamente útil para mim e para os meus clientes.

Etapa 73

Marketing é um custo estratégico: gaste mais que os concorrentes, quer os tempos sejam bons, quer não

Um dos grandes (e pouco lucrativos) paradoxos do mundo dos negócios é que os comerciantes se concentram na receita, mas não gastam o que deveriam gastar em marketing. Como já observei, o bom empresário sabe distinguir entre custos estratégicos e não estratégicos, e reduz ao mínimo os que não são estratégicos a fim de maximizar os lucros e *liberar verbas para gastar em marketing e em outros custos estratégicos.* A maioria das empresas bem-sucedidas e lucrativas gasta *mais* em marketing que as concorrentes, tanto em termos absolutos como em termos de percentual de vendas.

Toda empresa, mais cedo ou mais tarde, passa por tempos difíceis. Geralmente, é só nesse momento que tratam de reduzir despesas; e muitas vezes as *primeiras* despesas que cortam são as de marketing, por serem "as mais fáceis de cortar". "Cortaremos aqui", me disse certa vez um executivo, "porque é mais fácil dar menos dinheiro à nossa agência de publicidade do que despedir pessoal".

Nada poderia ser mais insensato. O dinheiro gasto em marketing é dinheiro estratégico; os custos estratégicos garantem a vida da empresa a longo prazo. *As despesas de marketing devem ser mantidas nos bons e nos maus tempos.* Você pode reduzir tudo o mais, mas nunca reduza a verba do marketing quando os negócios vão mal.

Etapa 74

Não hesite em usar uma espingarda de caça

Muitas vezes, na tentativa de expandir a clientela, as empresas usam métodos limitados demais. "Por que anunciar *nessa* publicação? Noventa por cento dos leitores não comprarão o meu produto." Talvez, mas os outros 10% podem ser bastantes para justificar a despesa de marketing. Muitas vezes a boa atividade de marketing exige não um rifle, mas uma espingarda de caça de grosso calibre.

Faça os cálculos para a sua empresa e determine o calibre da espingarda que lhe convém. Minha empresa expede dez mil peças de marketing (folhetos, volantes) por mês, dos quais 99,9% são jogados fora. Mas aquele 0,1% que produz um cliente novo *mais do que compensa* o que foi gasto com os outros 99,9%.

Por sinal, isto se aplica também quando você ou seus filhos procuram emprego. Um parente meu se formou em um curso de comércio e queria encontrar emprego na região de Washington D.C. Escreveu para três ou quatro empresas que lhe pareciam "as mais interessantes".

— Tolice! — disse eu. — Você precisa de uma rede de arrasto muito maior. Nunca se sabe o que vai se encontrar.

Obtivemos uma lista das duzentas maiores empresas da região metropolitana e remetemos um currículo a cada uma delas. (Na era dos computadores, não leva muito tempo nem custa muito dinheiro enviar muitos currículos.) Quinze empresas responderam, oito o entrevistaram e quatro lhe ofereceram emprego. A essa proporção, de nada teria adiantado mandar currículo para "três ou quatro".

A maioria das empresas, mas certamente não todas, comete esse erro. Se você tem alguma coisa que sirva para vender, promova-a no maior número possível de localidades, canais de distribuição e tipos de clientes da maneira mais lucrativa possível. Faça os cálculos primeiro; mas, conforme os resultados desses cálculos, espalhe bastante a sua rede de marketing e se preocupe somente com os clientes que irão comprar, não com os outros.

Etapa 75

Nada lhe dará um retorno tão grande quanto o seu investimento na equipe de vendas

Existem duas teorias quanto aos fatores que produzem vendas. Uma delas é que todo produto tem determinado mercado, e que os atributos do produto e as necessidades dos clientes determinam o tamanho desse mercado.

A outra teoria diz que as vendas se devem aos vendedores. Todo vendedor tem uma necessidade inata (e financeiramente motivada) de vender, que o faz sair à rua, almoçar com clientes em potencial, oferecer o produto e gerar vendas. Quanto mais vendedores uma empresa contrata, mais vende, qualquer que seja o produto ou o mercado.

Obviamente, há certa dose de verdade em ambas as teorias, mas, pelo que tenho observado, a segunda é a mais ignorada. A maioria das empresas *subinveste* na equipe de vendas, em prejuízo da receita e do lucro.

O que significa investir na equipe de vendas?

1. Assegure-se de que a sua empresa tem um número suficiente de vendedores (ver a segunda teoria acima).

2. Assegure-se de que os seus vendedores passam o tempo com clientes, e não executando tarefas administrativas ou outras coisas.

Certa vez fui contratado por uma grande empresa de computadores para resolver um problema de vendas: os clientes não vinham comprando o produto da empresa na quantidade que esta desejava.

Pesquisei e descobri certos dados. Os vendedores do meu cliente passavam somente 30% do tempo com os fregueses; no caso dos vendedores da concorrência, essa cifra era 90%. Os vendedores do meu cliente visitavam seus fregueses duas vezes por ano para promover novas vendas; os da concorrência visitavam os fregueses (em média) 21 vezes por ano: duas vezes para promover novas vendas e 19 vezes para saber se o freguês precisava de ajuda em relação a algum software, algum problema de serviço ou algum relatório que os funcionários deviam apresentar à chefia. Não admira que o freguês desse preferência aos concorrentes e lhes entregasse a maioria dos seus pedidos.

3. Admita pessoal de escritório, que ganha salários relativamente baixos, para apoio ao corpo de vendedores. Isso libera estes últimos para passar mais tempo com os clientes.

Outro dado que colhi foi: o meu cliente tem um funcionário de apoio para cada três vendedores. Os concorrentes empregam dois funcionários de apoio para *cada* vendedor. Por isso, os *nossos* vendedores se viam ocupados demais para dar aos clientes o tipo de serviço de que eles precisavam.

4. Os salários dos vendedores devem variar em função dos *lucros* que eles produzem, não das vendas.

Uma empresa de produtos hospitalares à qual prestei serviços de consultoria mudou o seu sistema de comissões. Em vez de se basear no volume de vendas, passou a se basear na margem de lucros (os vendedores, hoje, são creditados pela margem bruta de lucros dos produtos que vendem, não pelo montante das vendas que fazem). Dentro de *um mês*, as vendas de produtos com alta margem de lucros aumentaram em 28%, enquanto as vendas de produtos com baixa margem de lucros diminuíram em 26%. O resultado foi que os lucros totais aumentaram em 50%.

5. Empregue vendedores que saibam como vender *e* como gerar lucros, não aqueles que "conhecem o produto"; qualquer pessoa pode se familiarizar com uma linha de produtos.

6. Seu investimento em treinamento de vendas deve focalizar a verdadeira capacidade nas áreas de *vendas* e de *geração de lucros*, e não apenas meros fatos a respeito dos produtos.

Em muitas empresas medíocres, o treinamento de vendas consiste em formar "conhecedores de produtos" que irão apresentar "a linha de produtos deste ano". Procure dedicar grande parte do treinamento de vendas em sua empresa às várias nuances, sutis e poderosas, de como vender e como maximizar o preço. Ouvirá o seguinte *feedback*: "O curso foi *realmente* útil — o melhor treinamento que já recebi."

Outro recurso simples é convidar o melhor vendedor de três empresas que você admire (em indústrias diferentes da sua — não importa, pois vender é vender) para uma palestra diante de seus vendedores, narrando-lhes como e por que tiveram sucesso. Seus vendedores escutarão avidamente, e o resultado será um melhor desempenho.

Para muitas empresas, a equipe de vendas é o acervo mais importante — mais importante para o sucesso da firma que os tijolos, o cimento e o equipamento da fábrica. No entanto, gastamos milhões para manter a fábrica e contamos vinténs quando se trata de dar apoio à equipe de vendas. Isso é ser cuidadoso com os centavos e desprezar os dólares.

Lembre-se de distinguir entre custos estratégicos e não estratégicos. Para dobrar seus lucros, privilegie os primeiros e reduza estes últimos ao mínimo.

Parte V

Criar a cultura

Reduzir os custos

Aumentar as vendas

Alguns conselhos pessoais

Etapa 76

Seja persistente

Uma vez que muitas das recomendações que faço neste livro constituem desafios à sua maneira de pensar como gerente, seria negligência da minha parte terminar sem alguns conselhos pessoais. O que você deve fazer, em nível pessoal, para adotar a mentalidade necessária para dobrar seus lucros?

Meu primeiro conselho é: *seja persistente.*

Certa vez perguntei a um dos empresários mais bem-sucedidos que conheci qual era a chave do seu sucesso. Trata-se de um homem carismático, sincero e intuitivo, e esperava que ele citasse uma ou mais dessas qualidades.

O que ele respondeu, simplesmente, foi:

— Sou teimoso.

— Você é o quê?

— Teimoso. Sei o que quero realizar. Conheço um método para chegar lá e *acredito* nesse método. E nada nem ninguém me impedirá de chegar lá, não importa o que diga ou faça.

Fiz a mesma pergunta a outra pessoa altamente bem-sucedida, que havia experimentado com êxito meia dúzia de diferentes ramos de negócio.

— Há quem me considere frívolo e volúvel, porque mudo constantemente de interesses — disse ele. — Mas há uma constância fundamental em tudo o que faço. Acredito que sou mais *determinado* que a maioria das pessoas que conheço, e *vou encontrar um meio de ganhar dinheiro graças a essa determinação.*

A teimosia e a determinação mencionadas por esses dois homens são típicas de qualquer empresário bem-sucedido. Nenhum deles aceita um "não" como resposta; insiste e vence os adversários pelo cansaço. Adota uma atitude de que sempre há um meio de vencer ou contornar um obstáculo, por maior que seja. São tão firmes em suas convicções que nem lhes passa pela cabeça a ideia de permitir que alguém os impeça de atingir o objetivo que têm em mente.

No mundo dos negócios, como na vida, quase todas as pessoas são ambivalentes: esforçam-se por encontrar princípios nos quais possam realmente crer. Se você encontrar os seus princípios e segui-los com persistência, adquirirá uma vantagem competitiva natural e vencerá a maioria dos seus confrontos, independentemente da relativa competência, experiência ou inteligência dos seus oponentes. Se o lucro é importante para você, este livro lhe oferece um conjunto de princípios a adotar.

Etapa 77

Seja comedido no trabalho

Grande parte do que este livro recomenda exige critério, sutileza e a capacidade de atrair outras pessoas — coisas que geralmente não são os pontos fortes dos *workaholics*, indivíduos que trabalham por vício. Recomendo-lhe que estabeleça rigorosos limites quanto à hora de começar e parar de trabalhar, e respeitar esses limites. Mais: o trabalho deve ser visto como ocupando um distante segundo lugar (ou terceiro, quarto ou quinto lugar) em relação ao que realmente tem importância para você na vida: sua família, seus amigos, seu lazer preferido.

Em minha experiência, a pessoa que tem na vida outras coisas mais importantes que o trabalho (a) goza daquele estado de espírito positivo de que necessita para realmente trabalhar bem e (b) tem o devido senso de perspectiva e distância para encarar a atividade comercial como o jogo que ela realmente é, e jogá-lo bem. Tudo o que é preciso para vencer no mundo dos negócios — e tudo o que é mencionado neste livro — requer o equilíbrio de certas variáveis sutis: saber quando aplicar certa regra ou tática a certa situação, e quando estimular ou ser severo com certo funcionário, cliente ou fornecedor. Não se trata de matemática, contabilidade ou ciência na qual se procura a resposta "determinística" ou intelectualmente correta. Ao contrário, é um jogo de intuição infinitamente variável, baseado em um vasto conjunto de regras.

A pessoa que vive e morre para trabalhar sente dificuldade em aceitar o trabalho como um jogo, uma vez que se trata da própria vida. O equilíbrio e o senso de proporção necessários ficam difíceis de ser atingidos: o jogador se torna demasiadamente óbvio, unidimensional e grosseiro. O senso de distanciamento que advém de uma vida mais importante fora do trabalho dará a você a confiança, a calma e a clareza de pensamento que o transformarão em um verdadeiro vencedor.

Talvez este seja o raciocínio mais racionalista do mundo (se é, estou de parabéns!), mas tenho verificado que quanto mais alta é a prioridade que se atribui a coisas na vida *fora* do mundo dos negócios mais dinheiro se ganha. Quando se é pago por hora, isso não se aplica. Mas se aplica quando se é pago para ser um empresário ou gerente encarregado de maximizar os lucros.

Etapa 78

Trabalhe com afinco e divirta-se

Ninguém no mundo se sente mais deprimido que a pessoa que sabe ter ido o mais longe que poderia ir, e já não consegue encontrar desafios pela frente.

O que há de bom no mundo dos negócios e no assunto deste livro — maximizar os lucros — é que o processo é tão variável e sutil que é *impossível* para alguém atingir a meta final. Pode-se *sempre* ir adiante.

Mas é preciso uma mente clara e saudável para sentir prazer em uma trajetória na qual nunca se chega à meta final. É difícil reprimir a necessidade de dizer: "Terminei minha tarefa. Tirei dez na prova."

Por mim, encontro prazer na eterna busca de melhorar, na contínua tentativa de me reinventar para atingir o nível seguinte. Isto, por sua vez, exige um alto grau de introspecção, bem como a *disposição* e o conforto de ser introspectivo: O que estou fazendo bem? O que posso fazer melhor? Que obstáculos oponho ao meu próprio sucesso? Como posso vencê-los? Em minha experiência, os gerentes incapazes de falar de si mesmos e ser verdadeiramente introspectivos não conhecem o sucesso completo. Se você não consegue pensar em si próprio introspectivamente, como poderá se expandir e se reinventar? Se não puder se reinventar, como irá galgar o nível seguinte? A capacidade de introspecção é uma das coisas importantes que sempre procuro em um candidato a emprego.

Talvez lhe pareçam contraditórios os conselhos que ofereço nesta etapa e na anterior: ser persistente, mas estar disposto a se reinventar; trabalhar com afinco e se expandir, mas não levar o trabalho demasiadamente a sério.

A contradição, porém, é apenas aparente. O ponto de partida é saber o que você quer fora do trabalho (isto é, não levar o trabalho a sério demais) e o que quer no trabalho (ser persistente). Encare os negócios como um jogo, adotando um saudável senso de distanciamento. Para manter o jogo interessante, para mantê-lo renovado, nunca se acomode inteiramente, mas tente melhorar sempre. Não por ser isto uma questão de vida ou morte, mas porque é isso que torna o jogo *divertido*. Divirta-se com o jogo e jogará melhor; jogue melhor e *mais* do que dobrará seus lucros. É assim que a coisa funciona.

Dobrar os lucros não exige alta tecnologia; é simplesmente uma questão de resolução. Se você é capaz de tal resolução e de se divertir durante essa tarefa, terá conseguido o que poucas pessoas conseguiram. Espero que este livro o ajude a chegar lá.

Desejo-lhe boa sorte. E se precisar de uma ajuda adicional, terei prazer em atendê-lo.

O autor

Bob Fifer é fundador e executivo-chefe da empresa de consultoria administrativa Fifer Associates, especializada em aumentar a lucratividade de pequenas e grandes empresas mediante redução de custos, melhor desempenho nas áreas de vendas e preços, desenvolvimento de estratégias e informações sobre concorrentes e clientes. Fifer é um dos sócios da Kaiser Capital Fund, L.P.

Sua filosofia é simples: podemos dobrar os lucros de qualquer organização ou empreendimento comercial em seis meses ou menos.

Fifer passou a infância em Nova York, onde morou até terminar o segundo grau. Formou-se bacharel em economia no Harvard College e recebeu o diploma de mestre em administração de empresas da Harvard Business School. Ao longo da carreira, auxiliou líderes das 50 maiores empresas listadas pela revista *Fortune*, entre outras companhias públicas limitadas. Como executivo-chefe da Fifer Associates, expandiu seus serviços ao aconselhar gerentes e outros executivos de pequenas e médias organizações. As lições dessas experiências e o sucesso que obteve em sua própria carreira constituem a base do presente livro.

O endereço e o contato do autor são:

Fifer Associates
123 River Park Lane
Great Falls, VA 22066
Email: contact@fiferassociates.com
Phone: 703-901-7600

Ele terá prazer em responder a consultas e comentários.

Este livro foi impresso pela Vozes, em 2023,
para a HarperCollins. A fonte usada no miolo é Iowan
Old Style, corpo 10,5/14,5. O papel do miolo é pólen natural
80g/m² e o da capa é cartão 250g/m².